Knaus
K

GEORG
WAILAND

WER
REGIERT
ÖSTERREICH?

ALBRECHT
KNAUS

Gestaltung: Martin Andersch
unter Verwendung einer Zeichnung von Martin Menzl
für den Schutzumschlag
Gesetzt aus Garamond 10 Punkt
Satz: Alfred Utesch GmbH, Hamburg
Druck und Bindung: Mohndruck Graphische Betriebe
GmbH, Gütersloh
Printed in Germany
ISBN 3-8135-3538-X

INHALT

Einleitung
9

Erstes Kapitel
11
Das Phänomen Österreich
Wie Phönix aus der Asche
Die Feiertags-Weltmeister
Die Streik-Feinde
Die Langzeit-Präsidenten
oder die Herrschaft der Greise

Zweites Kapitel
33
Die Herrschaft der Parteien
Die Parteibuch-Weltmeister
Die Parteien-Finanzierung
Was Politiker verdienen
Die Politiker-Privilegien
Wie man Karriere macht

Drittes Kapitel
62
Herrschaft der Bürokratien
Das Beamten-Parlament
Die Gesetzesmaschinerie
Das Wachstum des Staates
Der Jahrmarkt der Eitelkeit

VIERTES KAPITEL
84
Die Netze der Macht
Der größte Hausherr Europas
Die stille Nebenregierung
Der Staat im Staat
Das Fledermaus-Prinzip
Die Milliardenschätze des Fonds

FÜNFTES KAPITEL
121
Die Geschenkerepublik
Die Umverteilungsmaschine
Die prämierte Geburt
Schulgeschenke
Hochzeit auf Staatskosten
Lohnende Karenz
Witwerpension

SECHSTES KAPITEL
129
Das süße Gift der Subventionen
Was die Bundestheater kosten
Die ÖBB als Tabu
Milliarden für General Motors
Milliarden-Zuckerl für die Firmen
Das Verstaatlichungsgesetz
Die Beruhigungspillen
Was ist subventionswürdig?

SIEBTES KAPITEL
167
Kleines Land ganz groß
Das AKH: Die »Unvollendete«

UNO-City: Ein Hauch von großer Welt
Das »Bruneum«
Kernkraftwerksmodell Zwentendorf

ACHTES KAPITEL
180
Schutzlose Sicherheit
Der Zauber der Montur
Freundlichkeit als Waffe

NEUNTES KAPITEL
188
Im Vorzimmer der Macht
Nachrichten: Jede Sekunde ein Politiker
Die Top-ten

ZEHNTES KAPITEL
192
Das Spiel der Mächtigen
Die Cliquen und Clans
Freimaurer ante portas
Die Androsch-Partei
Der ORF-Coup
Die Republik der Stachelschweine

ZUSAMMENFASSUNG
197

ANHANG
199

EINLEITUNG

Über das »glückliche Österreich« sind schon die verschiedensten Bücher geschrieben worden. Exakte wissenschaftliche politische Untersuchungen ebenso wie jene, welche die entscheidenden Phasen Österreichs bei der Wiedergewinnung seiner Unabhängigkeit dargestellt haben.

Das vorliegende Buch versucht, neben bereits Bekanntem auch weniger geläufige Zusammenhänge der Macht zu verdeutlichen. Aufbauend auf zahllosen Recherchen, die viele Kollegen in verschiedensten Medien zu diesem Thema vollbracht haben, ist es ein Ansatz, die »Unmöglichkeit« Österreichs zu verdeutlichen und das eigentliche Überlebens- und Erfolgsrezept dieses Kleinstaates herauszuarbeiten.

Die Zusammenschau all dieser Einflußfaktoren soll die Konturen des neuen Österreich entstehen lassen. Eines Landes, das seine Neutralität nicht in erster Linie mit Waffen zu verteidigen sucht. Eines Landes, das größere Bauten als Großmächte aus dem Boden stampft, ohne das Geld dafür zu haben. Eines Landes, das mehr Beamte als Selbständige hat, in dem das Parteibuch alle entscheidenden Lebensphasen bei einem Großteil der Bevölkerung mitprägt.

Neben dem Quellenstudium, bei dem Dozent Jagschitz

vom Institut für Zeitgeschichte eine wertvolle Hilfestellung gegeben hat, dienten auch zahlreiche Interviews mit den stillen Regenten dieses Landes dazu, das Bild der wahren Machtverflechtung abzurunden. Diesen Gesprächspartnern sei besonders gedankt.

Ziel der Arbeit war es, allen bewußten Österreichern in komprimierter Form einen Überblick über vieles zu geben, mit dem sie unbewußt gelernt haben zu leben. Es ist keine Anklage gegen Österreich oder gegen einzelne Prominente, sondern vielmehr der Versuch, begreiflich zu machen, wie und warum in Österreich die Uhren anders gehen als anderswo.

Österreich hat die Demokratie weder erfunden noch zu besonderer Perfektion vorangetrieben – aber es hat eine Überlebensstrategie entwickelt, um die uns noch viele andere Länder einmal beneiden werden.

I

DAS PHÄNOMEN ÖSTERREICH

Ausländische Besucher, die Österreich während und nach Ende des Zweiten Weltkrieges kennengelernt hatten, können es kaum fassen: Aus dem Trümmerfeld Österreich ist eines der zwanzig reichsten Länder der Welt geworden.

Ein Staat, der vor 1938 nicht lebensfähig schien, der ohne Selbstvertrauen und Zukunft war, ist wie Phönix aus der Asche zu neuem Wohlstand auferstanden.

Als sich die ersten Erfolge Österreichs beim Wiederaufbau abzeichneten, schielten die großen und mächtigen Nationen mit ungläubigem Staunen auf das kleine Land. Vielfach wurde diesen ersten Erfolgen keine ernsthafte Bedeutung beigemessen. Man war schon zufrieden, wenn sich der Kleinstaat am Eisernen Vorhang stabilisierte und zu keiner politischen Unruhe Anlaß gab.

Österreich genoß es sichtlich, weltweit unterschätzt zu werden. Das internationale Klischee zeichnete die Österreicher als gemütliche Heurigen-Besucher, die, wenn sie nicht gerade auf ihrem Lipizzaner reitend ihre Kinder von der letzten Probe bei den Sängerknaben abholten, sich auf den Theater-Abend vorbereiteten. Von Arbeit jedenfalls war in den Berichten über Österreich jahrzehntelang keine Rede.

Wie die Österreicher tatsächlich über sich dachten, wurde

erst spürbar, als der US-Reporter Brinkley ein episches TV-Gemälde vom faulen Österreicher zeichnete: Ein Sturm der Entrüstung schlug dem Amerikaner entgegen, der eigentlich nur ein gängiges Klischee zu einem Fernseh-Report verdichtet hatte.

Gerade diese Reaktion ist typisch für Österreich: Wir lassen uns gerne unterschätzen, aber wirklich ernst nehmen darf das niemand. Wer diese Spielregel nicht einhält, wird rasch kennenlernen, wie polternd das goldene Wienerherz mit der Faust auf den Tisch zu hauen vermag.

Erst allmählich wurden ausländische Beobachter stutzig: Dieses kleine Österreich hatte nicht nur ein, zwei gute Konjunkturjahre, sondern es reihte Erfolgsjahr um Erfolgsjahr wie Perlen an eine Schnur.

Als die Preise weltweit laufen lernten und die Inflation vom Trab in den Galopp zu verfallen schien, blieb Österreich eine Oase der Stabilität. Wenn die Preise international stiegen, in Österreich stiegen sie langsamer.

Als Studentenunruhen Ende der sechziger Jahre das Gesellschaftssystem Westeuropas in Frage stellten, blieb es hierzulande ruhig. Wer wird sich denn wegen ein paar Demonstrationen seinen künftigen Titel verderben? Zudem war die Erinnerung noch zu frisch, um vergessen zu haben, was es bedeutet, bedenkenlos Ideologien nachzujagen.

Und als Streiks in großen Ländern wie England, Italien und auch Frankreich zu politischen Flächenbränden zu werden drohten, schauten die Österreicher interessiert zu – und profitierten davon, weil sie eben nicht streikten.

Sogar die Pest der Arbeitslosigkeit schien einen weiten Bogen um das Land des »Lieben Augustins« zu machen.

Österreich, klein wie eine Nußschale auf dem großen Meer der Weltkonjunktur, verstand es, mit Streichhölzern rascher voranzukommen als andere mit ihren riesigen Rudern.

Sogar der Papst fand Worte über Österreich, die um die Welt gingen: Er prägte den Ausdruck der »Insel der Seligen«.

Die Österreicher wurden gewiß nicht zum Maß aller Dinge, höchstens zum gesunden Mittelmaß. Geläutert durch bitterste politische Erfahrungen, illusionslos revolutionären Phrasen gegenüber – zu viele Österreicher haben ihre Armbanduhren nach 1945 an die russische Besatzungsmacht verloren – und voll des Willens, es auch einmal – endlich einmal – besser zu haben, entwickelten sie eine pragmatische Überlebensstrategie, die zu den faszinierendsten Phänomenen der Nachkriegszeit gehört.

Weder ein politisches noch ein ökonomisches Lehrbuch beschreibt, wie Österreich zu seinen unbestreitbaren Erfolgen kam.

Häufig entschied sich Österreich anders, als es andere getan haben. Selten aus nüchternen, sachlichen Erwägungen heraus – meist aus einem Gemisch von Erfahrungen, G'spür, Glück und bemerkenswerter Phantasie.

So wird dieses Land auch nicht regiert wie jedes andere. Der Kaiser ist zwar lange tot, aber selbst mehr als ein Jahrzehnt sozialistischer Alleinregierung hat das Obrigkeitsdenken nicht zu verbannen gemocht. Im Gegenteil. Ersatzkaiser feiern fröhliche Urständ.

Böse Zungen behaupten, in Österreich habe das politische Kabarett keine Chance, weil die Wirklichkeit viel lustiger sei. Und so ist es auch: Nicht Sachfragen beherrschen die politische Auseinandersetzung, sondern so dramatische Aspekte wie: Stimmt es wirklich, daß der Kandidat der Grünen, der Schauspieler Herbert Fux, in seiner bisherigen Karriere fünftausend Frauen geliebt hat?

Das ist dann das Thema der Stunde, gegen das so schnöde Aspekte wie Staatsverschuldung, Budgetprobleme etc. augenblicklich verblassen.

Untersuchungen zeigen es recht drastisch: Die Österreicher sind nicht wirklich politisch interessiert. Selbst zu Wahlkampfzeiten sind es nur knappe fünfzig Prozent der Bürger, die sich echt informieren.
Dafür aber ist seit 1945 etwas gewachsen, was in der Zwischenkriegszeit kaum vorstellbar schien: Die Österreicher sind stolz auf ihr Land. Sie sind stolz auf ihre Erfolge, stolz auf ihr ungewöhnliches Regierungs- und Machtsystem, stolz auf den Wohlstand, den sie sich in der Zwischenzeit erarbeitet haben.
Eine Untersuchung der Lazarsfeld-Gesellschaft zeigt dies in eindrucksvoller Weise: Haben im Jahre 1956, also unmittelbar nach dem Abschluß des Staatsvertrages, nicht einmal 50 Prozent der Österreicher an die »Nation Österreich« geglaubt, so waren es 1964 schon 70 Prozent der Bevölkerung und 1980 sogar schon 86 Prozent. Hatten 1956 noch 46 Prozent (!) die Meinung vertreten, daß Österreich *keine* Nation sei, so waren 1980 nur mehr elf Prozent dieser Ansicht.
Dies signalisiert den dramatischen Gesinnungswandel der Österreicher: Sie sagen längst wieder ja zu ihrem Land. Ja zu der Kleinheit, deren Vorteile sie längst entdeckt haben. Ja zu der Neutralität, die manche Beobachter als die Überheblichkeit des Frosches beim Anblick von zwei riesigen Elefanten bezeichnen. Und sie sagen ja zu einem System des Regiertwerdens, das weltweit ein Unikum darstellt.
Wir haben nicht nur *eine* Regierung, sondern auch stille Nebenregierungen. Wir haben nicht nur Gremien, sondern vor allem Personen. Wir haben ein feinnerviges Netzwerk der Macht, über das ausländische Beobachter hoffnungslos stolpern. Diese Verkettung von oft kuriosen Entscheidungsmechanismen sucht seinesgleichen. Das ist nicht patentfähig, aber überlebensfähig.
Die wichtigsten Entscheidungen fallen im scheinbar ent-

scheidungsfreien Raum. Die sichersten Bastionen sind die Provisorien. Der größte Druck ist nicht der gesetzliche. Österreich ist das zu einem Staat geronnene Kuriosum schlechthin. Und es ist ungemein reizvoll, hinter die Kulissen dieses Spiels der Mächtigen und Schmächtigen zu blicken.

1) Entwicklung des Österreichbewußtseins 1956–1980:

	1956	1964	1970	1980
Österreich ist *eine* Nation	} 49	47 } 70	66 } 82	67 } 86
Österreich beginnt sich langsam als Nation zu fühlen		23	16	19
Österreich ist *keine* Nation	46	15	8	11
Weiß nicht/keine Antwort	5	14	10	3
	100 %	99 %	100 %	100 %

Quelle: *Lazarsfeld-Gesellschaft*, S. 57

2) Politische Lernbereitschaft der Bevölkerung

	Politisches Interesse (vor Beginn des Wahlkampfes)	Politisches Interesse (am Höhepunkt des Wahlkampfes)
stark	11	23
durchschnittlich	42	32
kaum vorhanden	47	45

Quelle: Dr. Fessel + GfK, *Wahlkampfanalysen* (1979)

Wie Phönix aus der Asche: Das Wirtschaftswunder / »Ich kann euch nichts geben. Kein Stück Brot, nichts. Ich kann euch nur um eines bitten: Glaubt an dieses Land. Glaubt an euer Österreich.« Mit diesen dramatischen Worten wandte sich zu Weihnachten 1945 der Bundeskanzler und ehemalige KZ-Häftling Leopold Figl an die vom Krieg erschütterten und hungernden Österreicher.

Das von Hitler inhalierte Land, das Teil des Tausendjährigen Reiches hätte werden sollen, lag in Trümmern. Spätestens als der Stephansdom in Flammen stand, mußten auch

die letzten der insgesamt 600 000 Österreicher, die Mitglieder der Nationalsozialistischen Partei waren, erkennen, daß der Traum vom Großreich blutig und tragisch ausgeträumt war.
Aus der in Schutt und Asche gelegten Ostmark wurde wieder Österreich. Hatte der Erste Weltkrieg das Ende der europaweiten Monarchie bedeutet, so war Österreich nach 1945 zur endgültigen Marginalie der Weltpolitik geworden.
Da ging es nicht mehr um großartige politische Ziele, sondern ums nackte Überleben. In den zerstörten Häusern hockte das Leid; die Wunden, die der Krieg geschlagen hatte, schmerzten mehr als momentane Not.
In diesen Augenblicken der Verzweiflung begann das österreichische Wunder. Männer, die wegen ihrer Überzeugung in Konzentrationslagern inhaftiert gewesen waren, bildeten quer durch die Parteien eine neue Achse der Vernunft. Sie wußten aus eigenem Erleben, wie kostbar das Gut der Freiheit, wie phantastisch die Chance war, aus dem zerstörten Österreich einen lebenswerten Staat aufzubauen.
Die Hoffnung war stärker als alle Mängel. Mit der Währungsreform im November 1947 begann der eigentliche wirtschaftliche Wiederaufbau Österreichs. Fahrzeuge, Baustoffe, Papierwaren, Geschirr und Radioapparate waren wieder ohne Bezugsschein zu haben. Gemüse und Genußmittel waren plötzlich wieder frei erhältlich, die Schwarzmarktpreise sanken schlagartig um 80 Prozent.
Als die Österreicher die ärgsten Mängel überstanden hatten, schlug ihnen der rauhe Atem der Weltpolitik an der Grenze entgegen: Im März 1948 machten die Sowjets mit der Demokratie in der Tschechoslowakei ein Ende. Unmittelbarer hätte die Warnung nicht ausfallen können, um eine soeben überstandene Diktatur gegen eine neue zu tauschen.

Mit großem Fleiß nützten die Österreicher die ihnen gebotene Chance, trotz Besetzung durch die vier Alliierten zu zeigen, daß sie willens waren, die Freiheit voll zu nützen.
1949 übertraf die Industrieproduktion erstmals wieder den Wert von 1937, auch die Produktivität kam auf 81 Prozent an die Ergebnisse des Vorkriegsjahres heran. Nur die Landwirtschaft erzielte nur 70 Prozent der früher erzeugten Mengen.
Immer wieder schien das fragile Lohn- und Preisgefüge auseinanderzubrechen, immer wieder verstanden es die Österreicher, diese Klippen zu bewältigen. Arbeitgeber und Gewerkschaftsvertreter setzten sich an einen gemeinsamen Tisch und regelten in mehreren Lohn- und Preisabkommen in höchst pragmatischer Form, wie es weitergehen sollte. Unpopuläre Maßnahmen wie etwa die Verteuerung der Nahrungsmittel um 18 Prozent (!) im Jahr 1949 konnten durch Erhöhung bei den Löhnen und der Kinderbeihilfe ausgeglichen werden.
Nur dadurch war es möglich, die sozialen Spannungen erträglich zu halten. Nicht die rücksichtslose Durchsetzung von Standpunkten, sondern der mögliche gemeinsame Nenner bestimmten den Konsenskurs, der letztlich typisch für Österreich wurde. Niemand wäre damals auf die Idee gekommen, diese Anfänge der Sozialpartnerschaft theoretisch zu untermauern – heute kommen Studiendelegationen aus allen möglichen Ländern nach Österreich, um dieses einzigartige Modell zu bestaunen.
Es war getragen von der Not des Augenblicks – und da erwiesen sich die Österreicher, wie auch später, als Weltmeister in der Kunst des Überlebens.
Um die für den Wiederaufbau notwendigen Investitionen zu ermöglichen, wurde eine Novelle zum Investitionsbegünstigungsgesetz durchgeführt. Dadurch blieben rund 20 Prozent des steuerpflichtigen Gewinns von der Einkom-

mens-, Körperschafts- und Gewerbesteuer befreit, sofern dieser Betrag investiert wurde. Es war unzweifelhaft eine kurzfristige Entscheidung, die über die nächsten Wochen und Monate hinweghelfen sollte. Ohne es zu wissen, wurde aber damit einer der wichtigsten Bausteine für die künftige Expansion der österreichischen Wirtschaft gelegt. Dieses Provisorium erlebte ein typisch österreichisches Schicksal: Es hält bis zum heutigen Tag und ist aus der Wirtschaftspolitik nicht mehr wegzudenken.
Weder waren die ersten Lohn- und Preisabkommen als großartiges Sozialpartnermodell konzipiert noch die vorzeitige Abschreibung als Dauereinrichtung: Die Österreicher verstanden es nur, im Labyrinth der scheinbaren Ausweglosigkeit sehr menschliche Auswege zu finden.

Der Marshall-Plan / Dennoch wäre es ohne Hilfe von außen nie so schnell wieder aufwärts gegangen. Auch beim Annehmen ausländischer Hilfe bewiesen die Österreicher einen Sinn dafür, wessen Hand man schütteln kann, ohne daß man dann nur mehr vier Finger hat.
Österreich wurde wie fünfzehn andere Staaten auch zur Pariser Eröffnungskonferenz eingeladen. Dabei wurde ein Programm für den Wiederaufbau Österreichs erstellt, die Verpflichtung übernommen, die Produktion zu steigern, die Währung zu stabilisieren, durch Liberalisierung des Handels die Zusammenarbeit zu fördern und durch ein multilaterales Zahlungssystem eine Verbesserung der europäischen Währungssituation zu erreichen.
Das amerikanische European Recovery Program (ERP) bestand aus direkten Lieferungen in Form von Geschenken oder Krediten. Wirtschaftlich schlechter gestellte Staaten wie Österreich erhielten die ERP-Hilfe zur Gänze in Form von Schenkungen.
Die Österreicher mußten sich verpflichten, die als Geschen-

ke gelieferten Waren zum inländischen Marktpreis zu verkaufen. Das Geld, das auf diese Weise erlöst wurde, floß auf ein Sonderkonto, das wiederum dazu diente, günstige Kredite an die Wirtschaft zu vergeben. Auf diese Weise wurde die Wirtschaft in Schwung gesetzt und der fehlende Kapitalmarkt ersetzt.
Noch Mitte 1948 bestand die Marshall-Plan-Hilfe zu 45 Prozent (!) aus Lebensmitteln. Erst Anfang der fünfziger Jahre erfolgte der Übergang zum Aufbau der Grundstoffindustrie und der Energieversorgung.
Der weltweite Boom, den die Korea-Krise im Sommer 1950 ausgelöst hatte, führte Österreichs Industrieproduktion erstmals wieder über die Vorkriegswerte.

Staatsvertrag als Startschuß / Ähnlich pragmatisch, wie Österreich von einigen wenigen dominierenden Persönlichkeiten im Inland regiert wurde, war auch die Vorgangsweise bei den Verhandlungen um den Staatsvertrag. Neben politischen Notwendigkeiten erfaßten die österreichischen Verhandler mit feinem Gespür auch die taktischen und menschlichen Facetten der zähen Gespräche.

Korea-Boom (Sommer 1950 bis Ende 1951) / Der durch den Korea-Konflikt im Jahre 1950 ausgelöste Boom (Rohstoffpreiserhöhung, Rüstungssteigerung und Hochkonjunktur) erbrachte auch für Österreich eine wirtschaftliche Belebung. Seit August 1950 stieg die Nachfrage nach Rohstoffen, aber auch die einheimische Industrie, vor allem die Schwerindustrie, verdoppelte binnen kurzem ihre Exporte.
Die hektische Konjunkturbelebung führte die Industrieproduktion erstmals über die Vorkriegshöhe, die die Landwirtschaft und das Gewerbe allerdings nicht erreichten.
Kunstdünger und Futtermittel waren knapp, ein Teil des

Brotgetreides wurde verfüttert. Im Fremdenverkehr wurde ein sprunghafter Aufschwung spürbar: Obwohl bereits 70 Prozent der Besucherzahl von 1936 erreicht war, gab es nur einen Devisenerlös von 20 Prozent der Vorkriegszeit.
Durch ein viertes Lohn- und Preisabkommen (26. 9. 1950) wurde versucht, die Lohn- und Preisspirale aufzuhalten. Mit Hilfe höherer Preise für Agrar-Erzeugnisse konnten die ERP-Mittel dafür merklich gekürzt werden.
Die Aufschwungstendenz hielt 1951 weiter an: Der Fremdenverkehr stieg insgesamt um 21 Prozent, davon bei den Ausländern um 29 Prozent. Zum ersten Mal stellt die Bundesrepublik Deutschland die größte Zahl an Gästen.

Die Goldenen Fünfziger Jahre (1955–1958) / Der Staatsvertrag vom 15. 5. 1955 brachte für Österreich die politische Befreiung. Die wirtschaftlichen Auswirkungen wurden durch das Moskauer Abkommen vom 12. Juni und dem Handelsvertrag vom 17. Oktober 1955 festgelegt. Für die Freigabe der sog. USIA-Betriebe in der sowjetisch besetzten Zone waren binnen sechs Jahren 150 Millionen Dollar, fast ausschließlich in Waren, zu zahlen und für die sowjetisch besetzten Erdölgebiete und Erdölfirmen 10 Jahre lang eine Million Tonnen Erdöl zu liefern, wovon allerdings nach einigen Jahren Abstand genommen wurde. Außerdem ergaben sich noch einige Sonderbelastungen. Der Handelsvertrag verpflichtete Österreich, für 25 Millionen Dollar zu für die Sowjetunion günstigen Bedingungen Waren zu liefern. Die Ablöselieferungen für die USIA bestanden aus Halbfertigwaren (Stahlbleche, Garne usw.) und Fertigwaren (Maschinen, Verkehrsmittel, Schuhe). Dadurch erhielten die ehemaligen USIA-Betriebe eine Möglichkeit, zunächst ihre alte Produktion fortzusetzen. Österreich mußte auch gegenüber Deutschland und den Alliierten auf sämtliche Schadenersatzansprüche verzichten.

1955 bis 1964 erwuchsen der österreichischen Regierung aufgrund des Staatsvertrages Ausgaben in Höhe von 10,4 Milliarden Schilling, denen 397,6 Millionen Einnahmen gegenüberstanden. Davon machten die Ablöselieferungen für den Staatsvertrag insgesamt 6,6 Milliarden und für die Militärbankverbindlichkeiten ehemaliger USIA-Betriebe, die ebenfalls übernommen werden mußten, 181,3 Millionen Schilling aus. Für jene Ölfelder, die ehemals amerikanisches oder französisches Eigentum waren, mußten an frühere Firmen 423 Millionen gezahlt werden. Weiters ergaben sich durch das Besatzungsschädengesetz über 423 Millionen Schilling Zahlungen, aus dem Abgeltungsfonds erwuchsen 170 Millionen etc. Daß alle Belastungen gut bewältigt werden konnten, war der bereits gefestigten österreichischen Wirtschaft zu verdanken.

Dabei ist zu berücksichtigen, daß die wiederübernommenen ehemaligen sowjetischen Betriebe und Anlagen so schlecht instand gehalten waren, daß viele von ihnen den Anschluß an die moderne Wirtschaft nicht mehr finden konnten.

Für alle anderen aber begannen mit dem Staatsvertrag die »Goldenen Fünfziger Jahre«. 1955 gab es allein um 100 Prozent mehr PKW-Zulassungen und um 25 Prozent mehr neue LKWs.

Nach den Wahlen im Frühjahr 1956 wurde die Verstaatlichte Industrie in eine neue Organisationsform gebracht und die »IBV«, sprich Österreichische Industrie- und Bergbauverwaltungs GmbH., gegründet. In ihrer Leitung waren die beiden Großparteien paritätisch vertreten.

Diese erste flüchtige Vereinbarung sollte später weitreichende Folgen haben: Damit war das politische Proporzsystem in der Verstaatlichten Industrie etabliert. Die erste Frage vor der Bestellung einer Führungskraft galt nicht der Qualifikation, sondern der Parteizugehörigkeit. Was damals zur Aufrechterhaltung des politischen Aufbausystems notwendig war, verselbständigte sich später zur Parteibuchwirtschaft, wie sie kaum in einem anderen Land ähnlich stark ausgeprägt ist.

Die ersten Rückschläge in der Wirtschaftspolitik, die es 1963 bis 1967 während der Großen Koalition gab, wurden im wesentlichen nur durch die seit 1957 bestehende »Paritätische Kommission«, einer typisch österreichischen Institution, bewältigt. Sie ist mit ihren Verästelungen, auf die in einem eigenen Kapitel eingegangen wird, eine der effizienten stillen Nebenregierungen in diesem Land, die offiziell gar nicht existieren.

Egal, ob es später eine ÖVP-Alleinregierung oder eine SPÖ-Minderheits- und später eine SPÖ-Alleinregierung gab – die Paritätische schaffte Stabilität im Hintergrund. Nur die wenigsten Regierungschefs verstehen wirklich etwas von der Wirtschaft – in Österreich ist dieses Thema elegant bei den Sozialpartnern gelandet. Sie lösen es nicht nur besser, sondern meist auch rascher als jedes offizielle Parteigremium.

Entkleidet man das Ergebnis des österreichischen Wiederaufstiegs nach 1945 der Parteipolitik, so kann es sich im internationalen Vergleich sehen lassen. Österreichs Wirtschaft wuchs schneller als andere, es hatte weniger Inflation und Arbeitslose, dafür eine um so härtere Währung. Die Statistiken beweisen dieses verblüffende Ergebnis.

Die Feiertags-Weltmeister / Das Thema der Arbeitszeitverkürzung, das in der gesamten westlichen Welt zu einem brennenden politischen Problem wurde, haben die Österreicher frühzeitig und auf pragmatische Art gelöst: Österreich ist längst, gemeinsam mit der Bundesrepublik Deutschland, Feiertags-Weltmeister.

Wir schaffen es ohne Probleme, jährlich auf 13 (bezahlte)

Feiertage zu kommen, während es im erzkatholischen Spanien nur 12 und in Japan 11 sind.
Der »Rest von Europa«, sprich Italien, Frankreich, Belgien, Schweden und die Schweiz, bringen es auf zehn Feiertage pro Jahr. Die Amerikaner gar nur auf neun und die Briten auf acht.
Jeder Versuch in Österreich, diese Fülle von Feiertagen einzudämmen, etwa durch das Zusammenlegen auf einige wenige Termine, wird stets im Keim erstickt.
Und wenn sich einmal ein sozialistischer Spitzenmandatar unvorsichtigerweise vorwagt, um eine Zusammenlegung der kirchlichen Feiertage zu fordern, ist der Konter längst formuliert: Denn dann verlangt die Gegenseite, den 1. Mai samt Arbeiteraufmarsch immer an einem Sonntag stattfinden zu lassen.
Diese große Anzahl von kirchlichen (und politischen) Feiertagen hat der Produktivität der Österreicher offensichtlich nicht geschadet. Wer es versteht, die Feste zu feiern, arbeitet dazwischen um so fleißiger.
Die Österreicher können sich das Feiern ruhig leisten – denn sie sind auch auf einem anderen Gebiet fast schon traditionell Weltspitze.

Die Streik-Feinde / Der Aufstieg Österreichs zu den zwanzig reichsten Ländern der Welt wäre undenkbar gewesen, hätten sich die Österreicher nicht anders verhalten wie die Arbeitnehmer der meisten anderen Länder: Zur Durchsetzung von Forderungen der Arbeitnehmerschaft mußte niemand auf die Straße gehen.
Der in der Sozialpartnerschaft »sublimierte Klassenkampf« (Kreisky) ersparte es dem kleinen Land, schwere wirtschaftliche Verluste durch Ausstände hinnehmen zu müssen.
Während in anderen Staaten wie England oder in Italien

Massenstreiks zum Wirtschaftsalltag gehören, zählen die Österreicher zu den verläßlichsten Arbeitskräften. Werden im Ausland die Durchschnittswerte für Streiks nach Stunden und Tagen bemessen, reichen bei uns die Minuten und in manchen Jahren sogar die Sekunden.

In dem wirtschaftlich schwierigen Jahr 1979 etwa, als die Ölpreisschocks die Konjunktur erdrosselten, die Realeinkommen schrumpften und die Steuern stiegen, zeigt ein Blick auf die internationale Szene folgendes Bild:

In Frankreich wurde pro Dienstnehmer 100,5 Minuten gestreikt, in den USA 186,5 Minuten, in Kanada sogar 404 Minuten.

In diesem Krisenjahr streikten die Engländer 620 Minuten und die hitzigen Italiener sogar 910 Minuten. Und Österreich? Es brachte es nicht einmal auf eine einzige Streikminute pro Kopf der Arbeitnehmer.

Damit hielt Österreich unangefochten eine Spitzenposition, die es auch in den Jahren davor innehatte. Wenn es einen Anti-Streik-Grand-Prix gäbe – Österreich wäre regelmäßig in Spitzenpositionen zu finden.

Wie gering die Streikfreudigkeit hierzulande ist, untermauern folgende Daten: 1981 beteiligten sich beispielsweise nur 0,6 Prozent aller 2,8 Millionen Arbeitnehmer an einem Streik. Auf jeden österreichischen Arbeitnehmer entfielen in diesem Jahr 41,4 Streiksekunden, 1980 waren es 2 Minuten und 54 Sekunden. Eine genauere Analyse dieser Zahlen zeigt ferner, daß es nicht die unterprivilegierten, ausgepowerten Arbeiter sind, die zu diesem radikalen Mittel des Arbeitskampfes greifen, sondern meist überdurchschnittlich gut etablierte Berufsgruppen, die ihre Vorrangstellung durch verhärtete Fronten zementieren wollen.

Nicht einmal die Hälfte aller Streiks wurde wegen Lohnforderungen geführt – exakt 48,6 Prozent –, sondern aus anderen Motiven heraus. Bei 98,6 Prozent der Streiks hat die zuständige Gewerkschaft ihren Sanctus zu der Maßnahme gegeben – dementsprechend fiel auch das Ergebnis aus: 83,8 Prozent der Streiks endeten mit einem Erfolg oder zumindest mit einem Teilerfolg.

Aus diesem Resultat kann man zwei Schlüsse ziehen: Den einen, daß die Unternehmerseite in den Auseinandersetzungen nicht gerade wie ein Kraftprotz reagiert und auftritt. Und den anderen, gewichtigeren, daß die Gewerkschaft in Österreich so stark ist, daß ihre bloße Drohung in einer Verhandlungsrunde genügt, um zumindest einen Teilerfolg zu landen.

Diese, im internationalen Vergleich besehen ungewöhnlich mächtige Position der Gewerkschaft rührt nicht nur von den 1,5 Millionen Mitgliedern her, sondern vom Eingebundensein in das politische Entscheidungssystem, wie in diesem Buch noch näher aufgezeigt wird.

In Österreich gehören zwar nicht wie in Schweden über 90 Prozent der Arbeitnehmer der Gewerkschaft an, aber in dem überwiegend klein- und mittelbetrieblich strukturierten Land sind es immerhin noch rund 65 Prozent. Das ist etwa die doppelte Organisationsdichte wie sie streikintensive Länder à la Italien aufweisen.

Die Gewerkschaft erhält mehr als eine Milliarde Schilling jährlicher Einnahmen, verfügt über eine eigene Bank (BAWAG), den größten Handelsbetrieb des Landes (Konsum Österreich) und ein weitverzweigtes Netz von Ferien- und Schulungsheimen.

Was aber noch viel gewichtiger ist als dieser Gewerkschaftskapitalismus, ist deren ungeheurer Einfluß in den österreichischen Betrieben. Spätestens durch das Arbeitsverfassungsgesetz wurden die Betriebsräte in Österreich zu Personen, die in manchen Betrieben von der Firmenleitung höflicher gegrüßt werden wie der eigene Aufsichtsrat.

Der starke Arm der Gewerkschaft reicht weit über den

Unternehmensbereich hinaus. Wann immer ein Betrieb einen geförderten Kredit benötigt, eine Haftung vom Bund oder gar Mittel aus dem Milliardentopf der Arbeitsmarktverwaltung – wenn der Betriebsrat nicht will, wird da gar nix draus. Das geht sogar bis hin zum Antrag auf Verleihung des Staatswappens, den der Betriebsrat blockieren kann.
Es spricht für das Verantwortungsbewußtsein der Gewerkschaftsspitze, wenn diese ungeheuren Möglichkeiten nicht mißbraucht wurden.
Sie werden nur angedeutet. Beispielsweise dann, wenn die Handelsangestellten ausgerechnet vor dem Start zum großen Weihnachtsgeschäft die Löhne für das nächste Jahr aushandeln. Oder wenn sich die Brauereien just vor der ersten großen Hitzewelle über Forderungen der Gewerkschaft unterhalten müssen.
Meist gelingt es den Unternehmervertretern dabei, eklatante Lohnerhöhungen zu vermeiden. Freilich nicht ohne Preis: Denn außer den offiziellen Lohnerhöhungen gibt es eine Reihe von Nebenvereinbarungen (Verhandlungsjargon: »Nebengeräusche«), die kräftig ins Geld gehen. Das untermauert eine einzige Zahl: Die sogenannten »Lohnnebenkosten«, also jene Beträge, die die Firmen für die Dienstnehmer insgesamt neben den ausgezahlten Nettolöhnen aufwenden müssen, erreichen mit 92 Prozent einen internationalen Rekordwert.
Wer in Österreich dann doch noch gestreikt hat? Wie gesagt, nicht die Schwachen und Unterdrückten, sondern ausschließlich starke Pressure-Groups, die ihre Position zementieren wollten. An der Spitze lagen 1981 die Gewerkschaft der Privatangestellten (16 260 Streikende), gefolgt von der Gewerkschaft Druck und Papier (eine der bestbezahlten Arbeiterbranchen des Landes) und den Beamten. Auch letztere sind nicht gerade auf die Schattenseite gewerkschaftlicher Verbesserungen gefallen ...

Die Langzeit-Präsidenten oder die Herrschaft der Greise / Die überdurchschnittliche Kontinuität in der politischen Landschaft Österreichs wird auch dadurch unterstrichen, daß wir es fast ausnahmslos mit Langzeit-Präsidenten zu tun haben. Respektlos ausgedrückt könnte man sagen, daß Österreich nach japanischem Vorbild von Greisen regiert wird.

Der Präsident der Bundeswirtschaftskammer ist mitten in seiner fünften (!) ununterbrochenen Funktionsperiode. Wenn der ehemalige Maurerlehrling Rudolf Sallinger, der in einen Steinmetzbetrieb eingeheiratet hat, heute einen Spitzenfunktionär der Kammer nicht mehr will, so wird dessen Funktionszeit begrenzt sein. Wenn er sich mit einem in der ÖVP überworfen hat, wie das seinerzeit mit dem einstigen Sallinger-Favoriten Dr. Josef Taus der Fall war, wird er hinter den Kulissen jenen Druck zu entwickeln verstehen, der zwar unsichtbar, aber nicht unwirksam bleibt. Taus ist längst nicht mehr ÖVP-Spitzenkandidat, Sallinger aber noch lange Bundeskammer-Präsident. Für österreichische Verhältnisse fast selbstverständlich ist Sallinger ein Funktionärs-Multi: Er ist erstens Präsident der Bundeswirtschaftskammer, zweitens Obmann des Österreichischen Wirtschaftsbundes und außerdem auch noch ÖVP-Abgeordneter. Daneben fungiert er noch in einigen Aufsichtsräten, von denen die Positionen in der Baufirma »Neue Reformbau« und bei »Philips« die wichtigsten sind.

Allein durch seine Funktionen kommt Sallinger auf ein monatliches Einkommen von über 100 000 Schilling. Und über den traditionsreichen Steinmetzbetrieb Oreste Bastreri, in den er eingeheiratet hat, sagt er: »Es ist mir gelungen, das Vermögen wenigstens zu erhalten.« Womit er nach geübter österreichischer Schule kräftig untertrieben haben dürfte.

Sallinger lebt davon, äußerlich unterschätzt zu werden.

Seine kleine gedrungene Gestalt (Spitzname: »Der Kugelblitz«), seine nach einer schweren Operation gestörte Gehmotorik, seine dicke Brille lassen nichts von dem vermuten, was ihn zum Langzeit-Präsidenten machte. Mit ungeahnter Schläue versteht er es, für ihn wichtige Personen zu seinen Freunden zu machen, mit ungebrochener Härte hingegen regiert er »seine« Kammer. Ein Handelsdelegierter, der sich eines Abends, als Sallinger diese Außenstelle besuchte, für das Essen entschuldigte, weil er eine private Verabredung hatte, konnte sich schon um eine neue Stelle umsehen.
Wie mit Buschtrommeln werden »heiße Tips« für die Präsidentenbesuche bei den Außenhandelsstellen im Ausland verbreitet: Die Liste reicht vom eisgekühlten Mineralwasser bis zur Tischordnung beim offiziellen Diner.
Ing. Sallinger, der nicht nur die Gewerbetreibenden vertritt, sondern auch so aussieht, ist prinzipiell ganz vorne dabei, wenn es um die Vertretung Österreichs im Ausland geht. Da kann es schon einmal passieren, daß er in einem afrikanischen Staat landet und sich über den ungeheuren Empfang wundert. Wie er durch die Straßen kutschiert wird, wo schwarze Kinder mit Fähnchen winken, bis sich endlich herausstellt, daß man ihn mit einem hochrangigen UNO-Vertreter verwechselt hat. Oder daß er auf einem Ball in Kalifornien den mühsam einstudierten einzigen englischen Satz vergißt, die Szene aber in unnachahmlicher Art mit bestem Wiener Charme wieder rettet. Und genau dieser Typus ist es auch, der es schafft, dem amerikanischen Präsidenten Reagan einen Lipizzaner als Geschenk zu überreichen, den er dem Landwirtschaftsministerium in Österreich vorher um einen Pappenstiel abgekauft hat.
Die Liste seiner vermeintlichen Nachfolger ist länger als die für den ZK-Vorsitz in Moskau. Der eine ist einer kleinen Korruption zum Opfer gefallen, der andere war zu ehrgeizig, der dritte muß schon in Pension gehen.

Frühaufsteher Sallinger plant seine Schachzüge, ehe andere erst ins Büro fahren. Der Du-Freund von Bruno Kreisky, der mindestens einmal pro Woche im Handelsministerium innige Gespräche führt, der alle, die in dem Land etwas zu sagen haben oder einmal zu sagen haben könnten, gut kennt, hat weder die Universität besucht noch ist er dem in der Kammer gut vertretenen Cartellverband (CV) je beigetreten – Sallinger ist ein Modell des Sozialpartnerstaates Österreich. Er hat es frühzeitig gelernt, sich in den Verästelungen der Macht zu orientieren, die ersten Intrigen zu parieren und mit den anderen Mächtigen im Staate eine stille Achse zu bilden.
Dazu braucht er nicht viele Reden im Parlament zu halten. Wenn er welche vorbereitet, dann schreibt sie ihm seine Frau mehrfarbig zum einfacheren Ablesen. Die Worte aber stammen von ihm. Jedes einzelne ringt er sich ab, um sich dann von der engsten Umgebung bestätigen zu lassen, daß die Rede wieder ausgezeichnet gelungen sei. Meist sind es recht banale Sätze, die aber einen ungeheuren Vorzug haben: Sallinger meint sie wirklich.
Und die Leute spüren, daß da kein Demosthenes der Macht vor ihnen steht, sondern der Steinmetz als Präsident. Ein massiveres Schutzschild hätte ihm kein CIA-Agent basteln können. Und eine höhere politische Glaubwürdigkeit nach außen auch nicht...

Der singende Präsident / Sallingers Pendant auf der Gewerkschaftsseite hat eine ähnlich steile Karriere hinter sich. Anton Benya wäre längst pensionierter Facharbeiter (mit einem Bruchteil seines heutigen Bezuges), hätte er sich nicht frühzeitig in der Gewerkschaftsorganisation betätigt.
Obwohl der ÖGB über 16 verschiedene Einzelgewerkschaften verfügt, ist keine so stark, um »ihren Präsidenten« ernsthaft in Frage zu stellen. Anton Benya (»Toni«) hat

längst den letzten Hauch von Karriere hinter sich gelassen, wenn er vor seine Leute tritt. Der will nichts mehr werden, der ist es schon. Und zwar seit Jahrzehnten.
Auch Anton Benya ist ein Funktionärs-Multi und gewiß kein schlecht dotierter: Neben dem Amt des ÖGB-Präsidenten ist Benya auch noch erster Nationalratspräsident und selbstverständlich SPÖ-Abgeordneter.
Wer immer Regierungschef ist oder sein will – ohne das Einvernehmen mit Anton Benya geht nichts. Das bezieht sich nicht nur auf gewerkschaftliche Auseinandersetzungen, sondern auf eine Fülle wichtiger wirtschaftspolitischer Fragen. Sein langer Arm reicht mühelos vom Budget bis zur Höhe der Spar- und Kreditzinsen – obwohl der ÖGB-Präsident formal darauf wirklich keinen Einfluß hätte.
Frühaufsteher wie Sallinger beginnt Benya meist schon um sieben Uhr mit seinen Besprechungen und Terminen. Wenn es dann einmal besonders hitzig hergeht, wie etwa nach dem Reichsbrücken-Einsturz in Wien (Benya über die unabhängigen Zeitungen: »Sie jagen und sie peitschen uns«) oder bei Streitereien im Parlament, weiß er energisch Einhalt zu gebieten, wenngleich der seinerzeit kolportierte Ausspruch (»Halt's die Goschen da unten«) in der Zwischenzeit längst dementiert wurde.
Ähnlich wie Sallinger ist Benya ein Absolvent der Sozialpartnerschaftsschule aus den Nachkriegsjahren. Bei allen politischen Gegensätzen hat er gelernt, mit Kompromissen zu leben; sie nicht als Teil-Niederlage zu werten, sondern als Teil-Erfolg. Je sparsamer er mit seiner Machtfülle umgeht, desto präsenter ist sie.
Er ist kein Polterer, aber ein zielbewußter Verhandler. Er ist hart, aber menschlichen Argumenten gegenüber aufgeschlossen. Zu seinen Vertrauten entwickelt er mitunter eine Nibelungentreue, die im hektischen parteipolitischen Gezänk wie eine Marmorsäule aus Sallingers italienischem

Steinbruch wirken muß. Als etwa der ehemalige Vizekanzler, Finanzminister und Musterschüler Dr. Hannes Androsch vom enttäuschten Kreisky mit dem Bannstrahl belegt wurde und aus der Regierung ausscheiden mußte, behielt er einen gewichtigen Freund. Anton Benya verteidigte Androsch selbst dann noch, als dieser politisch längst nicht mehr zu halten war.

Privat hat Anton Benya nie den Fehler des Protzertums, wie es unter Polit-Funktionären im Ostblock üblich ist, gemacht. Er gehört wohl zu den bestbezahlten Politikern des Landes – allein der »Erste Nationalratspräsident« bringt netto über eine Million Schilling (ohne Berücksichtigung von Dienstwohnung bzw. Dienstautos), aber er hat damit nie auf den Tisch gehaut.

Er liebt das Kartenspiel ebenso wie einen gemütlichen Schluck beim Heurigen – und wenn die Leute, mit denen er beisammen sitzt, »passen«, dann kann man auch einen singenden ÖGB-Präsidenten erleben. »Stellt's meine Roß in Stall« hat für ihn keine gesellschaftspolitische Bedeutung, sondern zählt zu jenen Liedern, die er fix im Repertoire hat. Und nicht nur seine Mitarbeiter sind der Ansicht, daß er einen recht passablen Heurigensänger abgibt.

So belanglos dies für einen Ausländer erscheinen mag – in Österreich sind diese privaten Gewohnheiten klimaprägend. Benya gilt als volksverbunden, und er ist es auch.

Er ist kein Revolutionär, der an die Macht will, sondern unbestrittener Spitzenmann des mächtigsten Vereins in Österreich, nämlich des Gewerkschaftsbundes. Sein politisch pragmatischer Stil unterscheidet sich wohltuend von dem Kettengerassel mancher präsumtiver Nachfolger.

Aber denen könnte es ähnlich wie etlichen der bisher schon ausgeschiedenen Sallinger-Nachfolger gehen. Sie könnten aus dem Rennen sein, noch ehe sie im Präsidenten-Sattel sitzen.

Der unparteiische Bundespräsident / Bundespräsident Rudolf Kirchschläger wurde seinerzeit von Kanzler Kreisky als Nicht-Parteimitglied in eine sozialistische Regierung als Außenminister geholt. Und Kreisky hat dann gegen den massiven Widerstand seiner Parteifreunde Kirchschläger als Kandidaten für die Bundespräsidentenwahl durchgesetzt. Heute ist Kirchschläger ein von allen Parteien so anerkannter Präsident, daß er – würde es die Verfassung erlauben – noch ein-, zweimal kandidieren könnte, ohne auch nur einen einzigen ernsthaften Gegenkandidaten zu finden.

Die Österreicher schauen eben gerne auf zu »ihrem« Präsidenten. Und zum Unterschied zur kämpferischen Nachkriegsphase, als Österreich gegen die Besatzungsmächte zu einer eigenständigen Nation durchgeboxt werden mußte, neigen die meisten Österreicher zu einer Untertanenhaltung alter Prägung.

Obwohl in einer Demokratie lebend, scheuen sich die Österreicher, ihre politische Meinung gegenüber Andersgesinnten zu vertreten. Nach einer vom IMAS-Institut durchgeführten Untersuchung sind nur 18 Prozent der Österreicher heutzutage bereit, in einer großen Versammlung aufzustehen und den eigenen Standpunkt zu vertreten, wenn sie wissen, daß die Mehrheit anders denkt. 42 Prozent erklärten freimütig, daß sie so etwas »wahrscheinlich nicht tun würden«.

Sicher mit ein Grund, warum im Verbände- und Kammerstaat Österreich so festverankerte Präsidenten ihre Langzeit-Strategie verfolgen können.

2

DIE PARTEIBUCH-WELTMEISTER

Von 7,5 Millionen Österreichern besitzen über 1,5 Millionen ein Parteibuch. Oder zwei. Manche auch drei. Das ist absoluter Pro-Kopf-Weltrekord. Allein die ÖVP verfügt über mehr Parteibuchmitglieder als in Deutschland CDU und CSU zusammen (warum nehmen die Deutschen auch eine Parteizugehörigkeit so schrecklich ernst!), die SPÖ über mehr als die ungleich größere SPD.

Wer die Statistiken studiert, muß tief beeindruckt sein: Demnach weist die ÖVP 813 765 Parteibuchbesitzer auf, die SPÖ 719 881 und die FPÖ 37 554. Ähnlich stabil scheint das Wahlverhalten zu sein: Über 90 Prozent der Österreicher wählen stets eine der beiden Großparteien.

Der Schluß aus diesen Werten, daß die Österreicher überdurchschnittlich politisch engagiert seien, stimmt freilich nicht: Nur eine extreme Minderheit ist, wie alle Untersuchungen unabhängig voneinander ergeben, zur aktiven Mitarbeit bereit. Die Österreicher handeln viel eher nach dem Motto: Mit dem Parteibuch in der Hand kommst du durch das ganze Land. Es ist in vielen, scheinbar unlösbaren persönlichen Lebenssituationen zum Sesam-öffne-Dich geworden.

Denn die Parteien wissen, was die Wähler wünschen. Schließlich haben sie es sich ja selbst auch ganz hübsch gerichtet. So sind sie, gemäß einem Nachkriegserlaß des

Finanzministeriums, befreit von der Einkommens-, Ertrags- und Vermögenssteuer, ebenso von der Erbschaftssteuer und Schenkungssteuer. Selbstverständlich bezahlen sie auch keine Anzeigensteuer.
Die Parteien haben sich außerdem eine Gratis-Sendezeit für ihre Belangsendungen im ORF gesichert – so, als wäre das ihre private Sendeanstalt, über die sie frei verfügen können.
Sie lassen sich seit Mitte der siebziger Jahre kräftig aus Steuergeldern subventionieren – bei der FPÖ machen diese Einnahmen bereits die Mehrheit aus. Sie herrschen über die Personalpolitik der Bürokratie in einer Form, daß etwa in Wien für das Rathaus der Spitzname »Stadtsowjet« geprägt wurde.
Und sie agieren in der Verstaatlichten nicht anders: So, als wären die Edelstahlwerke eine Filiale der Bundesparteileitung...
Nichts machen sie »umsonst«: Was der einfache Bürger mit seiner Parteimitgliedschaft und treuem Wahlverhalten zu honorieren hat, kostet den durch die Partei in eine Spitzenposition gehievten Manager Monat für Monat »Parteisteuer«. Lehensfürsten haben früher nicht anders agiert.
In Österreich sind noch längst nicht alle Lebensbereiche, wie es Bundeskanzler Kreisky seinerzeit versprochen hat, mit Demokratie durchflutet, sondern höchstens mit Parteipolitik.
Wer sich in Österreich im Leben leicht tun will, der braucht sein »Büchl« immer bei der Hand. Alle wichtigen Lebenssituationen sind von den Parteien wie von einer häßlichen Spinne besetzt:
Erstens: Die Beschaffung einer Wohnung. Seit Jahrzehnten dominieren die beiden Großparteien die »gemeinnützigen Bauvereinigungen«, die oft gar nicht sehr gemeinnützig, sondern vielmehr parteinützlich sind. Gelegentliche Skan-

dale à la WBO lüften dann einen Zipfel dieser Parteienherrschaft und Parteienfinanzierung.
Noch dominanter ist der politische Einfluß bei der Vergabe von relativ billigen Gemeindewohnungen. Jeder Leser ist herzlich eingeladen, als einfacher, parteiloser Bürger darum anzusuchen, er wird lange warten können – und in der Zwischenzeit beobachten dürfen, wie ein anderer, dessen Wohnbedarf bei weitem nicht so virulent ist, der aber über das richtige »Büchl« verfügt, schon in die neue Sozialwohnung eingezogen ist.
Die klarste Antwort, welche Rolle das Parteibuch bei der Wohnungsbeschaffung in Österreich spielt, gibt eine Untersuchung von Soziologen in Wien. Diese wurde zum Teil in Neubaugebieten und zum Teil in Altbaubezirken durchgeführt. Das Ergebnis: In Gebieten, wo Neubauten errichtet wurden, sagten rund 75 Prozent der Befragten, daß ihnen die Partei geholfen habe, in Altbaugebieten gaben hingegen nur 27 Prozent diese Antwort.
Zweitens: Viele, zu viele Posten werden in Österreich über den Parteieneinfluß vergeben.
Das gilt selbstverständlich für die Behörden und Ämter. Mit der Wirkung, daß sich jeweils eine Parteifarbe in den betreffenden Amtsstuben ausbreitet wie eine ansteckende Krankheit. In Wien scheinen das etwa die politischen »Röteln« zu sein: Von den 57 000 Wiener Gemeindebediensteten sind 90 Prozent eingeschriebene SPÖ-Mitglieder (»Stadtsowjet«). Bei den Stadtwerken liegt der Prozentsatz sogar noch darüber.
Mit umgekehrtem Vorzeichen spielt sich ähnliches in Niederösterreich ab. Vom »schwarzen« Parteiausschlag sind dort 93 Prozent (!) der insgesamt rund 14 000 Landesbediensteten befallen.
Das gilt selbstverständlich auch für die Besetzung in den Spitälern. Wie das »Profil« einmal aufgezeigt hat, gibt es im

Allgemeinen Krankenhaus der roten Stadt Linz keinen einzigen schwarzen Primararzt und umgekehrt gibt es in den Landeskrankenanstalten des schwarz-dominierten Landes keinen einzigen roten.
Ähnlich dominiert wird auch die Besetzung der Schulen mit den Parteien »genehmen« Lehrern. So tüchtig kann ein sozialistischer Lehrer in Niederösterreich gar nicht sein, daß er dort Schuldirektor wird – genauso wie sich ein schwarzer Lehrer in Wien vergeblich abmühen wird, um so rasch voranzukommen wie sein sozialistischer Kollege. Der Freiheitliche Politiker Hirnschall hat in Wien einmal das treffend so charakterisiert: »Der parteilose Kirchschläger konnte zwar österreichischer Bundespräsident werden, aber Schuldirektor in Wien könnte er nie werden.«
Der Einfluß der Parteien reicht bis in die Spitzengremien der Gewerkschaften, und sogar bei der Vergabe von Vorstandspositionen im Bereich der Verstaatlichten reden Parteifunktionäre fleißig das große Wort, obwohl sie oft nicht wissen, was bei einer Bilanz Soll und Haben bedeutet. Wen kann es da noch wundern, wenn dieses Selektionssystem gelegentlich »geistige Größen« in Vorstandspositionen spült, die sich dann bei Aufsichtsratssitzungen leutselig erkundigen, was denn die Position »a. o. Aufwand« (= außerordentlicher Aufwand) bedeute...
Drittens: Parteien haben es verstanden, die Sozialversicherungsanstalten politisch in die Hand zu bekommen. Diese sind zwar formal Selbstverwaltungskörperschaften, de facto aber ein Spielball der parteipolitischen Kräfte. Das führt dann zu so grotesken Situationen, daß etwa der Zentralbetriebsratsobmann des verstaatlichten Stahlriesen VÖEST-Alpine, Ruhaltinger, sich auf dem lukrativen Sessel des Obmanns der Oberösterreichischen Gebietskrankenkasse wiederfindet, obwohl er zugleich auch sozialistischer Abgeordneter im Parlament in Wien ist. Ein wahrer

Tausendsassa muß er sein, um alle diese Pöstchen ausfüllen zu können.
Er hat aber Gegenspieler auf ÖVP-Seite, die ihm um nichts nachstehen. Der ÖAAB-Spitzenmann Kohlmaier weiß genausogut, wie prächtig mehrere Funktionen nebeneinander vereinbar sind, zumindest für ihn: Er ist außer im ÖAAB auch in der Sozialversicherung bestens dotiert und zum Drüberstreuen freilich auch noch ÖVP-Parlamentsabgeordneter.
Einige Etagen drunter geht das Spiel mit Partei-Karten ähnlich direkt weiter. Mitunter ist es verblüffend, wie manche »Patienten« es mit unsichtbarer Hilfe immer wieder schaffen, für einige Zeit auf eine gepflegte »Kur« auf Krankenkassekosten geschickt zu werden! Hier wäre zweifellos eine lohnende Aufgabe, eine Statistik zu erstellen, wie hoch der Anteil der Betriebsärzte dabei ist.
Selbst der einfache Bauer, der in Österreich seinen Hof erweitern oder eine neue Maschine anschaffen will, entkommt dem Zugriff der Parteien nicht: Durch die, wie später ausgewiesen wird, massive Verflechtung zwischen der ÖVP und der Landwirtschaftskammer sitzt er mit höchster Wahrscheinlichkeit einem ÖVP-Parteimann gegenüber, wenn er um einen geförderten Kredit ansucht. Ohne dessen Zustimmung ist die Ernte längst vorbei, ehe er den neuen Mähdrescher kaufen kann...
Und der Unternehmer vermag genausowenig durch die Maschen des Spinnennetzes der Parteien zu schlüpfen. Ob er nun einen ERP-Kredit benötigt, ein Gutachten der Kammer (die wiederum ÖVP-dominiert ist) oder eine Bewilligung durch das Handelsministerium – irgendwo läuft er garantiert einem Parteibuch über den Weg. Spätestens dann, wenn er Hand in Hand mit seinem Betriebsrat im Sozialministerium sitzt, um Gelder aus der Arbeitsmarktverwaltung loszueisen.

Ganz zu schweigen von Situationen, wo es darum geht, von der öffentlichen Hand Aufträge als Unternehmer zu erhalten. Da haben nicht wenige feststellen müssen, wie rasch aus der öffentlichen Hand eine offene Hand wird, die nicht selten einer Partei gehört. Vergegenwärtigt man sich, daß der Bund der größte Auftraggeber im Land und die Gemeinde Wien der zweitgrößte Auftraggeber ist, daß die einzigen Institutionen, die in letzter Zeit gigantische Büropaläste errichten ließen, die »Sozialversicherungen« waren, kann man sich leicht ausmalen, wie es da hinter den Kulissen zugegangen ist. Offiziell freilich hatte das alles »natürlich nichts« mit den Parteien zu tun. Frei nach Morgenstern: daß nicht sein kann, was nicht sein darf.

Das Parteibuch beherrscht in Österreich die Lehrerzimmer, die Wohnbauvereinigungen, die Höchstgerichte, die Kranken- und Pensionsversicherungsanstalten, die Ämter und Behörden, die Ministerien und die Kammern. Der Innsbrucker Politologe Pelinka hat das nüchtern so in Worte gebündelt: »Österreich ist mit seinem parteipolitischen Organisationsgrad absolute Spitze in den westlichen Demokratien.« Und der Wiener Politologe Schneider, der dieses Phänomen eingehend studiert hat, geht noch einen Schritt weiter: »Das Beispiel der österreichischen Parteibuchwirtschaft ist weltweit einmalig, weil nicht einmal die kommunistischen Parteien des Ostblocks so einen Organisationsgrad haben.«

Womit sich auch schon die entscheidende Frage stellt: Ist es vordergründig das politische Interesse der Österreicher, das sie in die Arme einer Partei treibt, oder schlicht eine praktische Überlegung: »weil man es sich dann besser richten kann«?

Eine in der »Sozialwissenschaftlichen Studiengesellschaft« publizierte Befragung der Österreicher brachte eindeutige Haltungen zu diesem Thema zutage: 60 Prozent der Österreicher waren dabei der Auffassung, daß es bei uns nun einmal so sei, daß die Parteimitgliedschaft persönliche Vorteile bringe und daß derjenige, der sich politisch betätigt, auch etwas davon haben soll.

Und die von den Soziologen Deiser/Winkler durchgeführte Untersuchung stellte klar: »Die Motive zum Parteibeitritt unterscheiden sich bei den beiden Großparteien nicht. Im Vordergrund stehen persönliche Vorteile wie Wohnungsbeschaffung und berufliche Karriere.«

In der Mehrzahl werden die Erwartungen der Neo-Parteibuchbesitzer nicht enttäuscht. Nach einer in Wien durchgeführten empirischen Analyse antworteten 64 Prozent der Befragten, daß ihnen die Partei »bei persönlichen Anliegen (Stellenvermittlung, berufliches Weiterkommen, Wohnungsbeschaffung) geholfen habe«. Nur 17 Prozent sagten, daß sie die Hilfe der Partei nie gebraucht hätten, und lediglich acht Prozent zeigten sich von der Wohnungs- und Arbeitsvermittlungszentrale, Pardon, von der Partei enttäuscht.

Denn in den entscheidenden Lebenssituationen hat sie eben geholfen. Und dazwischen ist das Interesse der Österreicher für Politik höchst mäßig. 57 Prozent der befragten Österreicher gaben unumwunden zu, daß sie sich »wenig« oder »gar nicht« für Politik interessieren.

Dennoch zählen die Österreicher zu den treuesten Wählern. Wenn sie nicht ausgerechnet der »Partei der Nichtwähler« angehören, die ganz offiziell im Bundesministerium für Inneres als politische Gruppierung eingetragen ist. Im langjährigen Vergleich sind die Österreicher nach den Holländern die emsigsten Stimmlieferanten für »ihre« Partei.

Eine Motivforschung über diese an sich groteske Haltung – politisches Desinteresse, gepaart mit extrem hoher Wahlbeteiligung – gibt es zwar nicht, dafür die naheliegende

Vermutung, daß nicht wenige Österreicher bei den Wahlen weniger über Programme abstimmen, sondern ihren persönlichen Besitzstand (Beruf, Wohnung etc.) absichern wollen.

Der Marsch durch die Verbände / Diese ungeheure Macht der Parteien im Alltag der Bürger wird auch durch die Kammern und Verbände, die es im Sozialpartnerland Österreich gibt, nicht gemildert. Ganz im Gegenteil. Die gegenseitige Verflechtung ist dermaßen eng, daß es für den einzelnen geradezu unmöglich wird, sich dieser Einflußsphäre zu entziehen.

Das beginnt schon bei der Kammer- und Verbandsspitze. Beim größten österreichischen Verein, dem Gewerkschaftsbund, ist der Präsident zugleich erster Nationalratspräsident und dominantes Mitglied des SPÖ-Parteipräsidiums. Bei der Bundeskammer wiederum regiert ein Präsident, der zugleich Wirtschaftsobmann und einflußreicher ÖVP-Spitzenpolitiker ist. Ähnlich ist die Situation bei der Arbeiter- und der Landwirtschaftskammer.

Wie massiv die Vernetzung von Macht und Parteieinfluß ist, zeigt ein detaillierter Blick in diese Institutionen: Die Handelskammer ist traditionellerweise zu rund 85 Prozent von ÖVP-Mitgliedern dominiert. Sozialisten erhalten dort gelegentlich Alibi-Funktionen, am liebsten als Vizepräsident ohne Portefeuille. Fast identisch ist die Durchdringung der Landwirtschaftskammern mit ÖVP-Mitgliedern: Sie stellen dort zu 84 Prozent ihren Parteimann.

Mit umgekehrtem Vorzeichen läuft die Sache beim Österreichischen Gewerkschaftsbund: Dieser sollte wohl über den Parteien stehen, aber er ist dennoch fest »durchsetzt«: zu 75 Prozent mit SPÖ-Mitgliedern. Und bei der Arbeiterkammer ist der Einfluß der SPÖ mit rund 70 Prozent »Anteil« auch nicht von schlechten Eltern.

Die Parteien-Finanzierung / Wer die Finanzierung der österreichischen Parteien näher begutachtet, ist versucht, den Spruch des Sonnenkönigs »Der Staat bin ich« auf die österreichischen Parteien umzumünzen. Sie legen sich wenig Zurückhaltung auf, wenn es darum geht, in den Topf öffentlicher Steuermittel zu greifen.

Blenden wir zurück in die Jahre 1974/75: Damals wurde heftig diskutiert, ob es für die Demokratie gut sei, wenn die politischen Parteien auf Spenden von außen – neben den Mitgliedsbeiträgen – angewiesen seien. Und fast einhellig wurde der Standpunkt vertreten, daß diese Form der Abhängigkeit von einzelnen Großspendern fatal sei und eine offengelegte Finanzierung der Parteien aus Steuergeldern die sauberste Form überhaupt darstelle. Also wurde im Jahr 1975 mit dem Parteiengesetz die direkte staatliche Parteienfinanzierung beschlossen.

Wenige Jahre später ist man um eine Erfahrung reicher: Die Parteien kassieren zwar gewaltig aus dem Steuertopf, die Spenden aber fließen ungebremst weiter. Ein internationaler Vergleich beweist, daß die österreichischen Parteien auf diesem doppelten Weg außerordentliche Summen bekommen.

Statt eine größere Unabhängigkeit zu schaffen, sind inzwischen die Parteien in unterschiedlicher Weise von diesem zweifachen Geldzufluß abhängig geworden. Die FPÖ beispielsweise bestreitet ihr Parteibudget nach einer von Gerlich/Müller publizierten Aufstellung zu rund 60 Prozent aus staatlicher Quelle. Die beiden Großparteien können somit die FPÖ locker durch eine Änderung dieser Bestimmung an die kurze Finanzleine legen.

Aber auch bei der ÖVP machen die Steuergelder in der Parteienkassa über 30 Prozent und bei der SPÖ über 20 Prozent aus.

Und immer lockt das Steuergeld / In den wenigen Jahren wurde die Finanzierung aus allgemeinen Steuermitteln zur wichtigsten Einnahmequelle der Parteien. Im Jahre 1982 wurden insgesamt 74 Millionen Schilling für die drei Parlamentsparteien ausgeschüttet. Davon kassierte die

SPÖ	35 412 049 Schilling
ÖVP	29 974 347 Schilling
FPÖ	8 613 604 Schilling

Wozu, wird sich der gelernte Österreicher fragen, haben »wir die Krot der Parteienfinanzierung aus Steuermitteln geschluckt«, wenn sich dadurch nichts geändert hat?
Und spätestens bei der Parteienfinanzierung sind sich alle Parlamentsparteien über die fatalen Folgen der Inflation einig. Gemeinsam genehmigen sie sich daher immer wieder Erhöhungen der Parteiensubventionierung, die weit über der Zuwachsrate des Einkommens eines Durchschnittsbürgers liegen. Allein die letzte Novelle zum Parteiengesetz im Jahr 1982 brachte eine Anhebung des »Sockelbetrages« für jede Parlamentspartei um stattliche 20 Prozent.
Als Finanzminister Salcher eines Tages den in Österreich ungewöhnlichen Versuch unternahm, im Rahmen einer Kürzung der Subventionen auch die Zuwendungen an die Parteien zu kappen, mußte er registrieren, daß hinter seinem Rücken nicht nur die ÖVP und FPÖ dagegenstimmten, sondern auch seine eigene Partei.

Der Bildungs-Trick / Die zuletzt erwähnte offizielle Parteienfinanzierung ist aber nur der vorläufige Schlußpunkt einer geraden Linie, die alle Gruppierungen direkt zu der nahrhaften Futterkrippe der Steuergelder führte.
So haben die SPÖ, ÖVP und FPÖ, nach bundesdeutschem Vorbild, plötzlich entdeckt, wie wichtig die »staatsbürgerliche Bildungsarbeit« für die Wahrung und Erhaltung der Demokratie sei. Mit diesem »Bildungs-Trick« langen sie

seither kräftig in den Steuertopf. Insgesamt flossen den sogenannten Parteiakademien (eine hochtrabendere Bezeichnung für Kaderschmieden gibt's wohl kaum) stolze 27,6 Millionen Schilling an Staatsgeldern zu.
Die SPÖ erfand ein »Renner-Institut«, das sich 1982 mit 18 327 000 Schilling satt subventionieren ließ.
Die ÖVP kreierte die »Politische Akademie« und streifte unter diesem Titel ansehnliche 15 613 000 Schilling ein. Und auch die Dritten im Bunde, die Freiheitlichen, durften frohlocken: Ihr »Freiheitliches Bildungswerk« wurde mit beachtlichen 5 659 000 Schilling unterstützt.

Der teure Klub / Hier soll jetzt nicht von einem feinen Herren-Klub die Rede sein, sondern von einem viel exklusiveren Zirkel: nämlich den Parlamentsklubs. Diese sind sich so sehr über die Arbeitsfülle im klaren, daß sie die Arbeit im Parlamentsklub »durch Heranziehung von Experten« erleichtern. Auf Regimentsunkosten, versteht sich. Da gibt's eine genaue Aufschlüsselung dafür: Pro Klub werden – nicht lachen, das ist echt – »zwei Akademiker und zwei Schreib- und Kanzleikräfte« zugestanden. Für »je zehn angefangene Abgeordnete« darf ein weiterer Akademiker dazukommen.
Diese Arbeitserleichterung bringt für die Steuerzahler eine saftige Mehrbelastung mit sich. Immerhin kassierte die SPÖ unter der herzigen Bezeichnung des Klubbeitrages 1982 15 818 358 Millionen Schilling, die ÖVP 13 384 269 Millionen und die FPÖ 6 082 569 Schilling.
Woraus der Schluß folgt: Zumindest in der Vertretung der eigenen Interessen haben die Parlamentsparteien eine erstaunliche Durchschlagskraft entwickelt.

Finanzgrüße aus den Bundesländern / Wer meint, daß damit das Kapitel der Finanzierung der Parteien aus öffentlichen Geldquellen abgeschlossen sei, hat den Einfallsreichtum der Parteien eines föderalistischen Staates unterschätzt. Zu den bisher genannten Geldmitteln fließen auch noch gewaltige Summen, die in den Ländern und Gemeinden aus Steuermitteln gewährt werden.

Wolfgang Müller/Martin Hartmann schätzen in ihrer im Frühjahr 1983 veröffentlichten Studie über die Parteienfinanzierung, daß den Großparteien jährlich rund 200 bis 250 Millionen Schilling aus den Ländern und Gemeinden zufließen.

Die Systeme der Parteienfinanzierung in den einzelnen Regionen sind unterschiedlich, haben aber eines gemeinsam: überdurchschnittliche Steigerungsraten. War etwa in Vorarlberg eine Wählerstimme im Jahr 1960 zwei Schilling Subvention wert, so waren es 1974 bereits acht Schilling. Zum Teil noch höher waren die Steigerungsraten in Wien und in den restlichen Bundesländern.

Beim Durchblättern älterer Zeitschriftenjahrgänge wird das »eherne Gesetz« der Parteienfinanzierung besonders transparent. Trotz aller, insbesondere in Vorwahlzeiten abgegebenen, Versprechungen hat sich nichts verbessert, ganz im Gegenteil. Der Starkolumnist »Staberl« ärgerte sich schon 1974 unter dem Titel »Die perfekte Dreieinigkeit« über das Leeren der Steuertöpfe durch die Parlamentsparteien. Die »Wochenpresse« kritisierte das »trikolore Millionenspiel«, und im »Kurier« wurde es in einer Kolumne auf die einfache Formel gebracht: »Schnorrer sind sie alle.« Womit die Parteien gemeint sind.

Köder für die Presse / Damit die Medien aber nicht allzu laut gegen dieses eingespielte System bellen, erfand man, selbstverständlich unter dem Vorwand der »demokratie-wichtigen Aufgabe der Medien«, die Presse- und Zeitschriftenförderung. Was damit gemeint war, zeigen die blanken Zahlen.

Demnach haben die Parteizeitungen, die unter chronischem Leserschwund leiden (warum wohl?), von den insgesamt 86 Millionen Schilling Presseförderung markante 28 Millionen Schilling erhalten. Berücksichtigt man dabei, daß diese Parteizeitungen im österreichischen Blätterwald ein Zwergendasein führen, sieht man, was bei uns gleicher als gleich ist.

Parteienbesitz ORF? / Noch ungenierter langen die Parteien zu, wenn der Wahlkampf kommt und sie ihre Slogans und Kandidaten propagieren wollen. Gestützt auf ein famoses Gesetz von 1966, verfügen die politischen Parteien über Gratis-Sendezeiten im ORF – und das, obwohl die von den Hörern und Sehern in Österreich zu entrichtenden Gebühren zu den höchsten Europas gehören! Schätzungen von Fachleuten beziffern den Gesamtnutzen, der den Parteien durch die Gratis-Sendezeit jährlich entsteht, auf insgesamt 60 Millionen Schilling.

Beiträge und Spenden / Sicher nicht leben könnten die Parteien vom einfachsten und – wie man annehmen müßte – besten System: nämlich von den Mitgliedsbeiträgen. Offiziell »kostet« die Parteimitgliedschaft bei der SPÖ oder ÖVP pro Jahr 300 Schilling, mit der Zahlungsmoral der zahlreichen Mitglieder kann es aber nicht allzuweit her sein. Nach letzten verfügbaren Schätzungen kommt die SPÖ jährlich auf knapp 200 Millionen Schilling aus Mitgliedsbeiträgen, die mitgliederstärkere ÖVP auf 130 bis 150 Millionen.

Die Parteisteuern / Geradezu mittelalterlich wird die Situation, wenn man in die Betrachtung auch noch die »Parteisteuern« miteinbezieht. Was in Österreich wohl unerläßlich ist.

Offiziell werden Parteisteuern von politischen Mandataren sowie Managern und Aufsichtsräten im Bereich der öffentlichen Wirtschaft eingehoben. Mitunter müssen auch Spitzenbeamte mitzahlen.

Der Grundgedanke ist atemberaubend. Dafür, daß jemand in eine bestimmte Position mit Hilfe der Partei gehievt wurde, muß er quasi aus Dankbarkeit regelmäßig eine Art »Schutzgebühr« bezahlen.

Das ist ungeheuerlich, weil es unterstellt, daß der gute Mann nicht seiner Fähigkeiten wegen in eine bestimmte Position gebracht wurde, sondern weil er einer gewissen Partei angehört, der er auch verpflichtet ist. Und es ist weiters ungeheuerlich, weil sich die Parteien anmaßen, in weiten Bereichen der Wirtschaft und des öffentlichen Lebens zu agieren, als seien diese ihr Privatbesitz.

Wie gnädige Lehensherren lassen sich die Parteisekretariate den Karriere-Obolus bezahlen. Immer mit dem unsichtbaren drohenden Zeigefinger: »Du weißt ja, ohne uns wärst du das nie geworden.« Der treue Karriere-Parteisoldat nickt und zahlt.

Dieses System ist schon bei Politikern mäßig verständlich. Bei sozialistischen Spitzenkandidaten machen die Parteiabgaben monatlich runde 20 000 Schilling (Klubabgabe sowie Zahlungen an die Landesorganisation) aus. In Extremfällen können sie bis zu 40 Prozent der Bezüge wegkappen.

Bei Managern ist das Ganze schier unfaßbar. Diese Leute hätten ihre Verantwortung in den Vorständen eisern nach dem Aktiengesetz wahrzunehmen und nicht nach den Weisungen eines Parteisekretariats.

In Summe können sich jedoch die Parteikassiere über diesen mittelalterlichen Zehent freuen. Bei ÖVP und SPÖ klingeln auf diese Weise pro Jahr insgesamt fast hundert Millionen Schilling in die Parteikasse.

So gut laufen die Geschäfte der politischen Stellenvermittlungen ...

3) Anteile der staatlichen Zuwendung (gemäß BGBl. 404/75 und 272/72) am Budget der Bundesparteien (in % des jeweiligen Bundesparteibudgets)

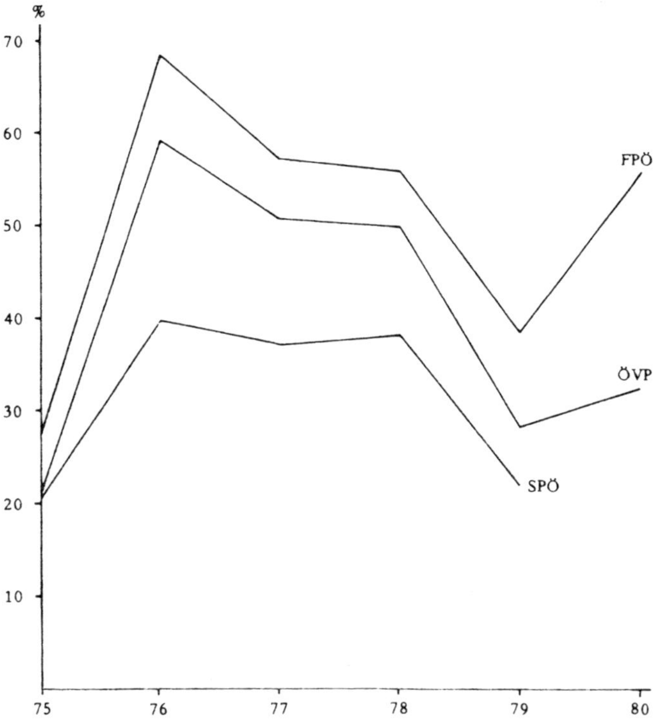

Quelle: Rechenschaftsberichte der Parteien und politischen Akademien

Was Politiker verdienen / In einem Nestroy-Stück fällt einmal der Satz »Werden S' lieber Minister!« Und so schlecht ist dieser Ratschlag gar nicht – vor allem dann, wenn man weiß, wieviel dabei in Österreich zu verdienen ist.

Der »Beruf« eines Politikers zählt unzweifelhaft zu jenen, welche selbst Angehörigen aus unteren sozialen Schichten einen überdurchschnittlich steilen Aufstieg ermöglichen. Nach einem Jahrzehnt steter Reformen der Politikerbezüge

ist hier eine neue Kaste der Super-Privilegierten entstanden, deren Nettobezüge selbst Spitzenverdiener in der Privatwirtschaft vor Neid erblassen lassen.
Neben außerordentlichen Steuervorteilen gelten für Politiker in Österreich auch umfangreiche »Sozialbestimmungen«, die ausscheidende Mandatare nicht nur mit fetten Abfertigungen überhäufen, sondern auch eine raschere Pensionierung von Politikern vorsehen, als sie etwa ausgemergelte Schwerarbeiter in Anspruch nehmen können.
Erfassen wir zuerst einmal die drei Klubobmänner von SPÖ, ÖVP und FPÖ in der Zeit vor der Wahl im April 1983: Alle drei, Heinz Fischer (SPÖ), Alois Mock (ÖVP) und Friedrich Peter (FPÖ), sind von Beruf Beamte und seit mehr als zehn Jahren Abgeordnete. Alle drei bekommen zunächst einmal ihren Abgeordnetenbezug von 55 679 Schilling monatlich (14mal im Jahr). Für die »spezielle« Tätigkeit als Klubobmann erhalten sie eine monatliche Amtszulage von 66 Prozent des Abgeordnetenbezuges, was monatlich weitere 36 748 Schilling – 14mal im Jahr – ausmacht. Und weil es das liebe Gesetz (wer das wohl gemacht hat?) so will, erhalten sie außerdem auch noch einen monatlichen Auslagenersatz von 23 107 Schilling. Letzterer ist, man soll ja nicht übertreiben, sicherheitshalber völlig steuerfrei.
Demnach erhält jeder der drei Klubobmänner für seine Tätigkeit im Parlament über 1 571 262 Schilling, was dank der bevorzugt niedrigen Besteuerung einen Nettojahresbezug von 987 750 Schilling ergibt.
Wenn ein normaler Steuerpflichtiger auf den gleichen Nettobetrag kommen will, werden ein paar Überstunden nicht genügen: Da müßte er brutto schon gewaltige 1 878 000 Schilling verdienen.
Bei den drei genannten Spitzenpolitikern ist die Einkommensliste aber noch lange nicht zu Ende: Da sie vom Dienst

freigestellte Beamte sind, kassieren sie noch einmal 25 000 und mehr pro Monat.
Womit jeder der drei locker auf einen monatlichen Nettobezug von 100 000 Schilling kommt. Mit diesem finanziellen Polster läßt sich dann leicht und wortgewaltig über die Umverteilung diskutieren.
Auch Abgeordnete müssen nicht gerade darben: Sie erhalten – je nach Dienstalter – zwischen 772 974 und 946 546 Schilling brutto pro Jahr. Und viele von ihnen haben daneben auch noch einen Hauptberuf, der mindestens ebenso einträglich ist.
Politischer Spitzenverdiener ist in Österreich unbestritten der Bundespräsident mit einem Jahresbruttobezug von rund 3,9 Millionen Schilling, gefolgt vom Bundeskanzler mit knapp zwei Millionen Schilling brutto, der damit kaum mehr verdient als die dienstältesten Minister (wobei nicht die kompletten Bezüge der Besteuerung unterliegen).
Der Präsident des Nationalrates, Anton Benya, kann sich über einen Jahresbezug von fast genau zwei Millionen Schilling freuen, und selbst der Vorsitzende des Bundesrates kommt fast auf eine Million im Jahr.
Bei der letzten Reform wurden die Politikerbezüge an die Gehälter der Sektionschefs gekoppelt: Der Nationalrat erhält 100 Prozent des Sektionschef-Gehaltes, der Staatssekretär 180 Prozent, der Kanzler und seine Minister 200 Prozent, der Bundespräsident 400 Prozent.
Gleichzeitig wurde zwar die volle Besteuerung für Politikerbezüge eingeführt, allerdings durch einen neuen Trick durch die Hintertür wieder herausgelassen: Jetzt gibt es einen steuerfreien Spesensatz, der beim Nationalratspräsidenten 40 Prozent, beim Bundespräsidenten 30 Prozent und bei den Abgeordneten 25 Prozent des theoretisch höchstmöglichen Gehaltes ausmacht.
Daß es für die Österreicher trotz aller Reformen nicht

billiger wurde, »regiert« zu werden, untermauern folgende Fakten:

1972 betrugen die Gesamtbezüge der Regierungsmitglieder 10,9 Millionen Schilling;
1975 schnellten sie schon auf 23 Millionen Schilling und
1978 erreichten sie mit 29,3 Millionen fast schon die inzwischen durchstoßene 30-Millionen-Schallmauer.

Das Politiker-Fangnetz / Die Karriere als Politiker ist ungleich besser abgesichert als etwa eine selbständige Existenz als Architekt oder Arzt. Denn hat man das Glück gehabt, Minister oder Staatssekretär zu werden, so reichen schon vier Jahre im Amt (und ein Alter von 55 Jahren), um pensionsreif zu sein. Nicht einmal der am härtesten schuftende Schwerstarbeiter am Hochofen kommt in den Genuß dieser frühzeitigen Pensionierung, von den Bezügen gar nicht zu reden.

Der jungpensionierte Minister kann sich ab sofort mit 50 Prozent seiner »Bemessungsgrundlage«, das entspricht immerhin 200 Prozent des höchsten Sektionschef-Gehalts, zur Ruhe setzen. Die Pension steigt dann jedes weitere Jahr um sechs Prozent, ohne daß der Herr Ex-Minister auch nur einen Finger zu krümmen braucht.

Hält man es in einer Regierung nicht ganz so lange aus, stehen die Finanzen auch nicht schlecht. Wer wenigstens sechs Monate Minister war, kann sich mit drei Monatsbezügen als Abfertigung trösten. Die bekommt ein »normaler« Arbeitnehmer erst, wenn er drei Jahre treu einer Firma gedient hat. War er zumindest ein Jahr Minister, so kassiert er sechs Monatsbezüge als Abfertigung, waren es drei Jahre, dann sogar einen kompletten Jahresbezug.

Auch als einfacher Abgeordneter fällt man weich. Schafft einer eine zehnjährige »Gesamtbezugszeit« und ist er 55 Jahre alt, so kann er jederzeit in Pension gehen. Zunächst

mit soliden 60 Prozent seiner Bemessungsgrundlage von 80 Prozent seines Letztbezuges. Pro Jahr steigt dieser Bezug dann um zwei Prozent.
Reicht es bloß zu einer dreijährigen »Amtszeit« als Nationalrat, dann gibt's als Trostpflaster fürs Ausscheiden drei Monatsbezüge. Wenn einer eine zweite Nationalratsperiode schafft, steigt sein Anspruch auf sechs Bezüge, sitzt er hingegen gar die dritte Legislaturperiode im Hohen Haus, wird ihm als kleine Wegzehrung ein Jahresbezug mitgegeben.
Das in Sonntagsreden so gern beschworene große Risiko, das einer auf sich nimmt, wenn er auszieht, um Politiker zu werden, ist bei weitem nicht so bedrohlich. Da sorgt das von den Parlamentariern aller Fraktionen geknüpfte Fangnetz schon dafür.

Die Politiker-Privilegien / Welches Gehalt bekommt ein Schuldirektor, der seit Jahr und Tag einfach nicht mehr zu seiner Arbeitsstelle gekommen ist? Welche Bezüge wird wohl ein Amtsrat einstecken, der gar nicht einmal mehr weiß, wo sein Schreibtisch, wo seine eigentliche Arbeitsstätte ist? Sie glauben, er bekommt nichts? Irrtum – die Genannten bekommen fürstliches Geld dafür. Ohne auch nur einen Handgriff leisten zu müssen. Denn sie sind zugleich Politiker. Was wiederum bedeutet: Ihre Beamtengage läuft, inklusive fälliger Beförderungen, munter weiter – und das Gehalt als Politiker kommt dazu.
So unglaublich dieses Privileg ist, so lange hat es sich in Österreich gehalten. Schon im Jahr 1970 regte Bruno Kreisky eine unabhängige Kommission an, die sich mit den Politikerbezügen beschäftigen sollte. Immer wieder setzte es neue Anläufe – mit der einzigen Konsequenz, daß den Volksvertretern nach jeder »Reform« netto mehr blieb als vorher.

4) Die Bezüge der Politiker

	Grundgehalt (14×/Jahr) versteuerbar S	Amtszulage (14×/Jahr) versteuerbar S	Auslagenersatz (12×/Jahr) steuerfrei S	Jahresbruttobezug (ohne Berücksichtigung von Dienstwohnungen bzw. Dienstautos) ab 1. 2. 1983 S	Jahresnettobezug*) (Verh., Alleinverd., ohne zusätzliche Lohnsteuerfreibeträge) S	Dafür notwendiger Jahresbruttobezug**) eines Nichtpolitikers S
	222 716,–		66 815,–***)	3 919 804,–	2 360 139,–	4 861 000,–
1. Jahr	86 562,–			1 612 752,–	1 071 865,–	2 060 000,–
11. Jahr	111 358,–		33 407,–***)	1 959 896,–	1 237 792,–	2 421 000,–
1. Jahr	86 562,–		44 543,–	1 746 384,–	1 205 497,–	2 351 000,–
11. Jahr	111 358,–		44 543,–	2 093 528,–	1 371 424,–	2 713 000,–
1. Jahr	77 906,–		40 089,–	1 571 752,–	1 092 166,–	2 105 000,–
11. Jahr	100 222,–		40 089,–	1 884 176,–	1 243 568,–	2 435 000,–
1. Jahr	43 281,–	38 953,–	42 316,–	1 659 068,–	1 148 861,–	2 228 000,–
11. Jahr	55 679,–	50 111,–	42 316,–	1 988 852,–	1 307 496,–	2 572 000,–
1. Jahr	43 281,–	28 565,–	23 107,–	1 283 128,–	846 435,–	1 580 000,–
11. Jahr	55 679,–	36 748,–	23 107,–	1 571 262,–	987 750,–	1 878 000,–
1. Jahr	43 281,–		13 920,–	772 974,–	537 564,–	942 000,–
11.Jahr	55 679,–		13 920,–	946 546,–	624 313,–	1 118 000,–
1. Jahr	21 640,50	19 476,50	21 158,–	829 534,–	608 684,–	1 085 000,–
11. Jahr	27 839,50	25 055,50	21 158,–	994 426,–	691 899,50	1 255 000,–
1. Jahr	21 640,50		6 960,–	386 487,–	290 445,–	452 000,–
11. Jahr	27 839,50		6 960,–	473 273,–	340 927,–	549 000,–

*) Lohnsteuerberechnung auf Grund der ersten Lohnsteuerkarte (!) **) ebenfalls Alleinverdiener ***) Amtswohnung oder Ersatz der Wohnungskosten

Quelle: *Gewinn* Nr. 2/83

Die unglaubliche Tatsache des arbeitslosen Einkommens als Beamte aber verteidigten die Mandatare aller Parteien mit Zähnen und Klauen. Verständlich, gab es doch allein in der Regierungspartei 26 derartige Doppelverdiener. Und in der ÖVP immerhin noch 15, dazu zwei der FPÖ und ein Parteiloser.

Für die Steuerzahler ist das keine billige Angelegenheit. Immerhin kostete diese Großzügigkeit den Nationalräten gegenüber runde 17 Millionen Schilling pro Jahr.

Freilich konnten sich alle 44 Nationalräte, die als Beamte dienstfreigestellt waren, auf schöne Bestimmungen berufen: nämlich auf die Kaiserliche Dienstpragmatik von 1914 und auf den für sie wertvollen Artikel 59 der Bundesverfassung.

Die »Wochenpresse« hat in erfrischender Deutlichkeit die Liste der werten Doppelverdiener vor der Wahl zusammengestellt:

5)

Name Beruf	Beamten- bezug	Abgeordneten- bezug
SPÖ		
Brennsteiner Anton, Hauptschuldirektor, Oberschulrat	26 849,–	+ 43 281,–
Dobesberger Edith, Lehrerin	28 579,–	+ 55 679,–
Elmecker Robert, Hauptschuldirektor	22 546,–	+ 45 759,–
Fischer Heinz, Parlamentsrat	25 478,–	+ 92 427,–
Fister Alfred, Sonderschuldirektor	26 849,–	+ 45 759,–
Gärtner Heinz, Volksschuldirektor	24 711,–	+ 45 759,–
Gossi Alois, Bundesbeamter, Amtsrat	20 001,–	+ 43 281,–
Gradenegger Johannes, Verwaltungsjurist	35 986,–	+ 53 198,–
Gradischnik Reimar, Richter	25 567,–	+ 45 759,–
Haas Herbert, Volksschuloberlehrer	22 411,–	+ 55 679,–
Hawlicek Hilde, Gymnasiallehrerin	17 920,–	+ 50 721,–
Hesele Hans, Ministerialrat	40 801,–	+ 55 679,–
Hirscher Josef, Finanzbeamter	12 990,–	+ 53 198,–
Hobl Hans, Gemeindebeamter	28 820,–	+ 55 679,–
Kittl Eduard, Oberamtsrat der Salzb. Landesreg.	36 240,–	+ 55 679,–
Kuba Heinrich, ÖBB-Beamter	17 790,–	+ 43 281,–

Name Beruf	Beamten- bezug	Abgeordneten- bezug
Lenzi Josef, ÖBB-Direktionsrat	46 542,–	+ 50 721,–
Mondl Walter, ÖBB-Fachbeamter	20 466,–	+ 50 721,–
Offenbeck Jolanda, Obermagistratsrat	35 334,–	+ 53 198,–
Prechtl Fritz, ÖBB-Beamter, Oberrevident	20 466,–	+ 50 721,–
Preiss Kurt, Gymnasialdirektor	32 840,–	+ 43 281,–
Reicht Alois, Postbeamter	25 377,–	+ 45 759,–
Remplbauer Wilhelm, Hauptschuldirektor	28 787,–	+ 50 721,–
Roppert Alois, ÖBB-Beamter	26 800,–	+ 45 759,–
Stippel Johann, Gymnasialdirektor	25 502,–	+ 45 759,–
Woschitz Anton, Volksschuldirektor, Oberschulrat	24 711,–	+ 43 281,–
ÖVP		
Bayr Anton, Bezirksschulinspektor	34 230,–	+ 43 281,–
Bergsmann Felix, Triebfahrzeugführer	20 466,–	+ 43 281,–
Ettmayer Wendelin, Bundesbeamter, Legationsrat	22 018,–	+ 48 239,–
Höchtl Josef, Wissenschaftlicher Rat	18 800,–	+ 50 721,–
Huber Hubert, Landesbeamter	18 464,–	+ 55 679,–
Koppensteiner Gerhard, Finanzbeamter, Wirkl. Amtsrat	20 530,–	+ 45 759,–
Lichal Robert, Landesbeamter, Wirkl. Hofrat	40 801,–	+ 45 759,–
Mock Alois, Bundesbeamter, Gesandter	26 691,–	+ 92 427,–
Neisser Heinrich, Beamter, Ministerialrat	31 722,–	+ 50 721,–
Paulitsch Alois, Oberrat des höheren Finanzdienstes	30 080,–	+ 45 759,–
Pischl Karl, Landesbeamter	16 173,–	+ 45 759,–
Sandmeier Karl, Finanzbeamter, Regierungsrat	28 439,–	+ 55 679,–
Steiner Ludwig, Botschafter	50 721,–	+ 45 759,–
Vetter Gustav, Landesbeamter, Oberrechnungsrat	21 273,–	+ 55 679,–
Wolf Johann, Hauptschuloberlehrer	25 696,–	+ 45 759,–
FPÖ		
Frischenschlager Friedhelm, Universitätsassistent	19 001,–	+ 48 239,–
Peter Friedrich, Landesschulinspektor, Hofrat	37 933,–	+ 92 427,–
Parteilos		
Tull Stephan, Senatsrat	48 675,–	+ 55 679,–

[1]) Es ist jeweils der Brutto-Monatsbezug geführt. Zulagen – in teilweise beträchtlicher Höhe – sind nicht inkludiert. Zahlen laut einschlägigen Besoldungsbestimmungen bzw. nach Angaben der Betroffenen. Nicht enthalten sind aktive Universitätsprofessoren (Felix Ermacora, Ewald Nowotny) und Landesbeamte mit Sonderregelungen (Gottfried Feurstein, Gerhard Schäffer, Hans Matzenauer)

Quelle: *Wochenpresse*

Darüber hinaus verfügen die Abgeordneten über eine längere Liste zusätzlicher Privilegien. Sie können nicht nur einen Teil des Bezuges netto einstreifen (»Aufwandsentschädigung«), sondern sie trachten schon, keine zu hohen Aufwendungen zu haben: Als Nationalräte haben sie Anspruch auf Gratisfahrten mit der ÖBB innerhalb von Österreich, Flugtickets können sie bei der Parlamentsdirektion einreichen. Sollten sie einmal Lust auf eine kleine Ausflugsfahrt auf der Donau in die Wachau haben, so genügt es, den Ausweis zu zücken: Selbstverständlich schaukeln unsere Abgeordneten auf der DDSG zum Nulltarif.

Damit ist aber bloß eine erste Facette der Politiker-Privilegien erfaßt. Haben wir schon keinen Kaiser mehr, dann doch zumindest stolze Spesen-Ritter. Diesen Eindruck muß man beim Studium der Rechnungshof-Berichte über die Ausgaben auf Regimentsunkosten, die die österreichischen Politiker tätigen, bekommen.

Im Jahr 1974 sorgte der biedere ÖVP-Abgeordnete Leitner mit einer schlichten Anfrage im Parlament für eine politische Bombe. Er wollte in seiner trockenen Art bloß wissen, wie hoch die Spesen der Regierungsmitglieder gewesen seien.

Was da zutage gefördert wurde, das hätte ein alter Kavallerieoffizier beim besten Willen nicht geschafft. Da wurde munter in den Tag hinein gelebt auf Kosten der Steuerzahler, da wurden Rechnungen »verursacht« und unter kuriosen Bezeichnungen verbucht, da gönnten die Herren Minister nicht nur sich, sondern auch vielen anderen nur das Beste vom Besten.

Der spektakulärste Fall waren die 60 000 Schilling, die der damalige Finanzminister Androsch für eine Nacht in der Loge auf dem Opernball ohne Beleg verrechnete. Auch die 13 000 Schilling teure Super-Torte, die dem Dirigenten Karl

Böhm zum Geburtstag – auf Kosten der Steuerzahler – serviert wurde, war nicht von schlechten Eltern.
Selbst Bruno Kreisky als ehemaliger Diplomat schaffte es nicht, mit seinem Spesenrahmen fertigzuwerden: Er benötigte bereits Mitte der siebziger Jahre fast sechs Millionen Schilling an jährlichen Spesen. Beachtliche 370 000 Schilling gingen allein für die Position »Pokale« drauf. Sein damaliger Vize Androsch, auch nicht kleinlich, ließ sich 132 588,97 Schilling unter der milden Bezeichnung »kleine Ausgaben« refundieren.
Und als Bundeskanzler Sinowatz in den wilden siebziger Jahren als Unterrichtsminister Geburtstag feierte, durfte das den Steuerzahlern schon 66 342 Schilling wert sein.
Gar nicht heikel zeigte sich der ehemalige Verteidigungsminister Lütgendorf. Er war nicht nur im später skandalumwitterten Club 45 in der Nobelkonditorei Demel gerngesehener Gast, sondern er benötigte gar 1,3 Millionen p. a. Schilling an Spesen. Für 300 000 Schilling kratzte er Belege zusammen, den Rest ließ er unter dem Titel »Truppenverpflegung« verbuchen. Daß da, wie der Rechnungshof später ermittelte, auch Galadiners im renommierten Hotel Sacher dabei waren, überrascht bei dieser »präzisen« Art von Spesenverrechnung nicht...
Was auch immer die Politiker verschwendeten und vergeudeten, sie wußten die Kontrolle doch in menschlichen Händen. Denn auch der frühere Präsident des Rechnungshofes, Jörg Kandutsch, hatte mit den Spesen seine liebe Not. Als oberster Kontroller in Sachen Steuergeld gönnte er sich für 38 000 Schilling p. a. Theaterkarten, Ballspenden und Mitgliedsbeiträge; einen Teil der damals beträchtlichen Telefonrechnung ersetzte er dann aber aus der Privatkassa.
Der Eindruck wäre völlig irreführend, daß nur die Regierung die Spendierhosen angehabt hätte. Auch in den Län-

dern – ob rot, ob schwarz regiert – wußte man die Gunst des Augenblicks zu nutzen. Ein prächtiges Beispiel dafür ist der Salzburger Gemeinderat. Er wurde einmal an einem 29. November angelobt. Ausgerechnet am 29. 11. Denn das genügte, damit das volle Novembergehalt für alle fällig wurde. Welcher Arbeiter hat noch nicht davon geträumt, für nur zwei Tage Arbeit einen ganzen Monatslohn zu bekommen?

Zur Groteske wurden die Politiker-Privilegien am Beispiel des Salzburger Finanzlandesrates Bonimaier. Als ehemaliger Schulleiter war er in seiner politischen Funktion vom Dienst freigestellt. Als seinen Kollegen von der Landesregierung die »Politiker-Privilegien zu heiß« wurden und sie auf ihre Doppelbezüge verzichten wollten, willigte Bonimaier gerne ein. Er deklarierte seine Bereitschaft, künftig auf sein arbeitsloses Einkommen als Schulleiter zu verzichten. Bei der Bearbeitung dieses Antrages stellte sich erst heraus, daß Bonimaier, ohne seine Schuld, automatisch das Beamtengehalt jahrelang ausbezahlt wurde, ohne daß er es hätte kassieren dürfen. Denn dieses Privileg gilt nur für Bundesbedienstete, nicht aber für Landesbedienstete. Fast eine Million hatte der Mandatar im Laufe der Jahre bekommen, die er gar nicht hätte kriegen dürfen ...

Wie man Karriere macht / Die außerordentlich schlanke Entscheidungspyramide in Österreich mit nur einigen wenigen Politikern an der Spitze macht es für die Klettermaxen auf der Karriereleiter relativ einfach, sich zielstrebig zu orientieren. Verbessert werden die Voraussetzungen zusätzlich dadurch, daß Österreich über den größten Anteil an verstaatlichter Industrie in Westeuropa verfügt und darüber hinaus über die im Mehrheitsbesitz des Staates befindlichen Großbanken ganze Konzernbereiche in die Einflußsphäre der Politiker gekommen sind.

Faszinierend ist die Eigendynamik, die solche »Meinungsbildungsprozesse« erhalten. Einmal fällt in kleiner Runde der Name eines Managers mit dem bedeutungsvollen Zusatz, daß dies ein ganz hervorragender Mann sei. Je vertraulicher der Hinweis gegeben wird, desto größer ist die Wahrscheinlichkeit, daß er innerhalb kürzester Zeit die Runde macht. Am Ende dieser politischen Stafette wird durch die ausschmückende Mund-zu-Mund-Propaganda selbst aus einem blassen Buchhalter ein Superman mit dem Strahlenkranz amerikanischer Manager-Glorie.

Ich habe mehrfach miterlebt, wie derartige Wunderknaben »serviert« wurden. Auf einmal flog ein Herr namens Glaser, ein Auslandsösterreicher, in seine Heimat, um Generaldirektor des Aluminiumkonzerns Ranshofen zu werden. Wie sich später herausstellte, war er zuvor bei einem US-Unternehmen zwar in guter mittlerer Position tätig gewesen, keineswegs aber jener »heiße Tip«, als der er dann gehandelt wurde. Oder aber die Bestellung des aus der Bundesrepublik nach Österreich geholten Herrn Preinfalk zur Elin. Seine Vorstandstätigkeit beschränkte sich auf kurze Zeit, anschließend spazierte er lächelnd, ausgestattet mit einer großartigen Pension, durch Österreich und fand das sehr gemütlich. Denn keiner der Politiker, die ihn auf Hörensagen engagiert hatten, wagte es, den begangenen Fehler bei der Besetzung zu bekennen, sondern alle waren daran interessiert, die Sache so heimlich wie nur möglich zu bereinigen.

Wie kurios es bei Berufungen mitunter zugeht, erlebte auch der heutige Nationalbank-Präsident Koren. Als er in die ÖVP-Regierung geholt werden sollte, rief der damalige VP-Chef zuerst in Graz an und ließ sich mit einem Namensvetter des späteren VP-Finanzministers verbinden. Ich warte eigentlich schon lange darauf, daß einmal das passiert, was bei diesem System passieren muß: daß nämlich der völlig falsche Mann, nur weil er zufällig den gleichen Namen trägt, in ein hohes Amt berufen wird.

Die Vorzimmerakrobaten / Unter jenen, die in Österreich Karriere machen wollen, haben sich einige Grundtypen herauskristallisiert.
Dazu zählen etwa die Vorzimmer-Akrobaten. Sie verstehen es, dem jeweiligen Regierungschef mit nützlichen Informationen, Ausarbeitungen und Hinweisen behende zur Seite zu stehen. Da darf dann schon auch einmal eine mittlere Indiskretion über einen anderen, noch angeseheneren Manager, dabeisein. Das erhöht den Stellenwert des Karrierewilligen.
Den Kontakt zu den Mächtigen finden sie bei diversen offiziellen Anlässen wie völlig fruchtlosen Diskussionen, Festen und vielleicht auch in politisch eingefärbten Zirkeln, was den zusätzlichen Vorteil bietet, daß man gleich der richtigen Karriere»farbe« zugeordnet wird. Ohne die echte parteiinterne Ochsentour erledigen zu müssen.
Der zweite, recht erfolgreiche Karriere-Typ sind die »Parteigänger«, die ihren Weg in die Vorstandsebene auf dem direkten Weg über die Parteizentrale finden. Das kostet zwar später Parteisteuer, ist aber ein recht sicherer Weg. Nur wenige wagen es später, wie etwa der frühere ÖMV-Generaldirektor Bauer, aus Verärgerung die Zahlungen an jene Partei, die sie zu der Spitzenposition brachte, einzustellen. Übrigens: Bei Bauer war es die ÖVP, und der Grund für die Zahlungsverweigerung war ein einfacher: Sie hatte sich, zumindest nach Meinung des 70jährigen Langzeit-Generaldirektors, nicht vehement genug für seine Vertragsverlängerung eingesetzt.
Daß dieser Zustand der Manager-Bestellung eigentlich keiner ist und sein darf, darüber sind sich im stillen alle Parteien einig. Bundeskanzler Kreisky berief mich Anfang 1981

zusammen mit vier aus völlig verschiedenen Bereichen kommenden Leuten in eine »Kommission für die Objektivierung der Postenvergabe«.

Wie eine Verschwörergruppe trafen wir uns wöchentlich im völlig verwaisten Bundeskanzleramt und brachten, trotz der politischen Buntheit der Kommissionsmitglieder, in erstaunlich kurzer Zeit ein Vorschlagspapier für ein »Sofortprogramm« einvernehmlich fertig. Darin wurde unter anderem gefordert, daß nicht das Parteibuch, sondern die erwiesene Qualifikation für die Bestellung eines Managers heranzuziehen sei, daß diese Nachfolgefragen rechtzeitig transparent zu machen seien, daß frei werdende Posten öffentlich ausgeschrieben werden sollten und daß jährlich dem Parlament ein Bericht über die inzwischen getroffenen Maßnahmen zur Objektivierung der Postenvergabe zu legen sei.

Schon mit der Forderung auf Abschaffung der Parteisteuer stieß ich bei den beiden jungen sozialistischen Managern in der Kommission auf hartnäckigen Widerstand.

Der Bundeskanzler dankte, veranlaßte eine Aussendung in die Redaktionen, in denen wesentliche Teile der gemachten Vorschläge enthalten waren (»Unternehmerische Entscheidungen müssen frei von parteipolitischen Rücksichten gefällt werden etc.«), und legte einige Punkte unseres Programms Mitte 1982 dem Ministerrat zur Beschlußfassung vor.

An seinem ernsthaften Willen hatte keiner in der Kommission gezweifelt, keiner jedoch hatte die Illusion, daß durch dieses Stück Papier die Wirklichkeit wesentlich verändert werden könnte. Die »normative Kraft des Faktischen« fegte auch schon bei den nächsten größeren Personalentscheidungen im verstaatlichten Bereich alle guten Vorsätze hoffnungslos vom Tisch.

Die Parteien regieren ungebrochen weiter. Sie betrachten

die Verstaatlichte als »ihr« Herzogtum, wo der parteipolitische Proporz nicht nur auf Vorstandsebene, sondern möglichst durchgängig angewandt sein soll. Nicht zuletzt um der lieben Parteikasse – und dem damit zu erzielenden Einfluß – zuliebe.

3

DIE HERRSCHAFT DER BÜROKRATIEN

Das Beamten-Parlament / Alles Recht geht vom Volke aus. So lernen es die Kinder in Österreichs Schulen. Spätestens, wenn sie erwachsen sind, werden sie sehen, daß dies bestenfalls ein frommer Wunsch ist. Wer Zweifel an dieser These hegt, ist herzlich eingeladen, sich einmal die Zusammensetzung des Parlaments anzuschauen.

Dabei wird klar: Österreich befindet sich seit geraumer Zeit auf dem Weg in den Beamten- und Funktionärsstaat. Dieses Land wird vorwiegend von Männern geleitet, die schon lange Abschied von einer normalen beruflichen Tätigkeit genommen haben. Und von einer repräsentativen Vertretung der Bevölkerung kann schon überhaupt keine Rede sein.

Schon im Jahr 1968 waren von den 165 Abgeordneten nicht weniger als 63 öffentlich Bedienstete sowie Kammer- und Sozialversicherungsangestellte. Bis heute hat sich das nicht gebessert, ganz im Gegenteil:

Mit 31 Prozent aller Abgeordneten führt der Berufsstand der Beamten im Parlament eindeutig das große Wort. Sie haben auch die günstigsten Voraussetzungen für eine politische Karriere: Sie werden nicht nur, bei vollen Bezügen, für den jeweiligen Wahlkampf karenziert, sondern sie beziehen auch dann noch ihr volles Beamtengehalt, wenn sie ihre Amtsstube längst nicht mehr betreten.

Knapp hinter den Beamten folgen mit 28 Prozent die Funktionäre im Parlament. Also Gewerkschafter, Kammer-, Partei- und Sozialversicherungsangestellte. Wiederum Menschen mit maximaler sozialer Rückendeckung durch eine Großorganisation – und zugleich auch ein Signal dafür, wie engmaschig die Verbindungsfäden zwischen dem Parlament und den Verbänden laufen.
Demnach stammen 59 Prozent der Abgeordneten nicht aus dem echten Berufsleben, sondern aus geschützten politischen Bereichen. Sie bestimmen aber über die fast drei Millionen Arbeiter und Angestellte, die in keineswegs geschützten Bereichen ihre Existenz behaupten müssen.
Verschärft wird diese Situation noch durch einen anderen Umstand. So besagt wohl der Artikel 56 der österreichischen Bundesverfassung: »Die Mitglieder des Nationalrates und die Mitglieder des Bundesrates sind bei der Ausübung dieses Berufes an keinen Auftrag gebunden.« Demnach darf niemand einem Abgeordneten Weisungen erteilen, was er zu sagen hat und wie er abzustimmen hat – die Wirklichkeit bietet jedoch ein anderes Bild. Der übliche »Klubzwang« macht aus den Volksvertretern »Abstimmungsmarionetten«. Per Lautsprecher werden sie vor den Abstimmungen aus der Milchbar und den anderen Lokalitäten des »Hohen Hauses« zusammengetrommelt, um zur Abstimmungsgymnastik nicht zu spät zu kommen.
International unüblich ist die bereits angesprochene enge Verquickung des Parlaments mit den Verbänden und Kammern. Rund ein Drittel aller Abgeordneten kann man den Verbänden zuordnen.
Mit vielen wirtschaftspolitisch wichtigen Entscheidungen will man daher gar nicht erst das Parlament »belasten«, sondern das wird meist im Sozialpartnerbereich oder spätestens in einem der parlamentarischen Unterausschüsse ausgeschnapst. Hier funktioniert die Zusammenarbeit auch

ohne Koalition. Sie funktioniert so gut, daß manche Beobachter von einem ungeschriebenen Vetorecht der Wirtschaft im außerparlamentarischen Raum sprechen.
Diese extreme Vernetzung hat naturgemäß ein mächtiges Status-quo-Denken der Parteien bewirkt. Mit der Konsequenz, daß durch den hohen Anteil der Funktionäre genau jene Personen in Spitzenpositionen sitzen, die jene Zustände verändern sollten, von denen sie aber ganz hervorragend leben. Ein Funktionär der Sozialversicherung, der dort als Obmann eine fette Gage bezieht, wird wohl nicht der wackerste Frontkämpfer für eine Entschlackung dieses gigantischen und beängstigend teuren Apparates sein. Und ein seit Jahrzehnten vom Dienst freigestellter Beamter, der bei jedem Gehaltssprung mehr arbeitsloses Einkommen bezieht, wird wohl nicht der geeignetste sein, um eine wirksame Verwaltungsreform durchzupeitschen.
Wie es auch grotesk ist, wenn der Bundeskanzler mit der Beamtengewerkschaft um die künftige Gehaltsanpassung feilscht: Sein Gehalt steigt nämlich im gleichen Takt mit den Beamtenbezügen ...
Oder um es spöttisch nach Erich Kästners »Lob der Volksvertreter« zu sagen:

»Sie fürchten Spott, sonst nichts auf dieser Welt,
und wenn sie etwas tun, dann sind es Fehler.
Es ist zum Glück nicht alles Hund, was bellt.
Sie fürchten nur die Wahl und nicht die Wähler.«

Frauen, nein danke? / Eines steht jedenfalls fest: Repräsentativ ist unser Parlament in keiner Weise. Dazu ein Beispiel: Der Anteil der Frauen an der Bevölkerung Österreichs liegt bei knapp 51 Prozent – im Parlament hingegen sind die Damen nur zu 11 Prozent vertreten! Was Kreisky seinerzeit zu dem Schachzug verleitete, als optischen Ausgleich vier

Staatssekretärinnen auf einen Schlag in die Regierung zu holen. Quasi als »demographisches Kabinett«.

Sind die Frauen im Nationalrat extrem unterrepräsentiert, so sind die Akademiker wiederum überrepräsentiert. Liegt der Anteil von Akademikern in der Bevölkerung bei zwei bis drei Prozent, so sind hingegen 40 Prozent aller Abgeordneten Akademiker.

Etwas gemäßigter, aber immer noch beachtlich ist auch der überdurchschnittliche Anteil von Maturanten. Ihr Anteil in der Bevölkerung liegt bei 6,2 Prozent, von den Parlamentsmitgliedern verfügen aber 22,5 Prozent über einen Maturaabschluß.

Was den Politologen Gerlich zu der Auffassung brachte: »Wenn man einerseits die relativ stabile Zusammensetzung des Parlaments und andererseits die ziemlich großen Veränderungen in der Gesellschaft betrachtet, muß man zu dem Schluß kommen, daß nicht das Parlament repräsentativer für die Gesellschaft geworden ist, sondern diese sich mehr dem Parlament angeglichen hat.«

Wie verzerrend der Eindruck hitziger Debatten, die im TV übertragen werden, sein kann, untermauert die Tatsache, daß rund 80 Prozent aller Gesetze einstimmig beschlossen werden. Dieser Gleichklang ist im Wirtschaftsbereich aufgrund des großen Verbandseinflusses harmonischer als in anderen Bereichen. So wurden etwa 80 Prozent aller dem Handelsausschuß zugeleiteten Gesetze unverändert beschlossen, während dies nur bei 20 Prozent der das Unterrichtswesen betreffenden Anträge der Fall war.

Und wie es mit der politischen Kontrolle bestellt ist? 90 Prozent aller schriftlichen Interpellationen im Parlament kommen von der Opposition – damit kann festgehalten werden, daß keine Rede von einer Kontrolle der Regierung durch das Parlament ist, sondern vielmehr von einer Kontrolle der Regierung durch die Opposition.

Alles Recht geht vom Volke aus – oder doch eher vom Beamtenparlament?

Die Gesetzesmaschinerie / Im Jahr 1880 kamen in der österreichischen Reichshälfte der Monarchie auf tausend Einwohner vier Beamte.
Heute beschäftigt die Republik Österreich pro tausend Einwohner 39 Beamte.
Damit hat sich in etwas mehr als hundert Jahren die »Dichte« der Bundesbediensteten verzehnfacht. Trotz Rationalisierung, trotz Computerisierung.
Die Besoldung der Beamten verschlang im Budget 1983 mit 103 Milliarden Schilling rund ein Drittel der Gesamtausgaben. Die Zahl der Staatsdiener ist zur mächtigsten Armee des Landes angeschwollen: 1983 gab es in Österreich 291 000 Bundesbedienstete und 75 000 Landeslehrer. Insgesamt verfügt Österreich über 560 000 Beamte – das sind fast so viele Leute, wie die gesamte Industrie Beschäftigte hat.
Man muß sich das plastisch vorstellen: Die Bevölkerung des Bundeslandes Kärnten ist ausschließlich als Beamter tätig.
Dieses rasante Wachstum ging einher mit einem zum Teil drastischen Abschmelzprozeß in produktiven Bereichen. So sank die Zahl der Selbständigen seit 1970 um 72 000 auf 225 000, und in der Industrie sind seit 1973 insgesamt 76 000 Arbeitsplätze verlorengegangen.
Wie wuchernd die Bürokratie in Österreich blüht, verdeutlicht folgender Vergleich: Im Jahr 1974 mußten 49 Milliarden Steuerschillinge zur Bezahlung des Beamtenheeres aufgewendet werden, im Jahr 1983 hingegen waren es 105 Milliarden Schilling. Nur für die Abgeltung der Überstunden waren 1983 sieben Milliarden (!) Schilling erforderlich.
Durch komplizierte Vorschriften, was bei dem von Beamten dominierten Parlament nicht weiter verwundert, wird

diese Verwaltungshydra immer kräftiger genährt. Nicht die Beamten sind schuld an diesem Zustand, sondern jene Politiker, die unter völliger Mißachtung der Verwaltungskosten Gesetz um Gesetz durchs Parlament peitschen, um einen Beweis für ihre »Leistung« erbringen zu können. Dabei gehörten längst nicht jene Politiker beklatscht, die immer neue Gesetze erfinden, sondern jene, die endlich möglichst viele abschaffen.

Vier neue Gesetze pro Tag / Österreich gehörte in den letzten Jahren gewiß zu jenen Staaten, in denen die meisten Gesetze beschlossen wurden. Dies nahm derartige Formen an, daß für die Abgeordneten im Parlament, die darüber abzustimmen hatten, jeweils auf einem Blatt Papier vereinfachte Kurzfassungen ausgearbeitet werden mußten, damit die Volksvertreter überhaupt verstanden, wofür oder wogegen sie votierten.

Im Jahr 1965 wurden noch 373 Bundesgesetze und 975 Landesgesetze verabschiedet. Im Jahr 1982 hingegen erreichte man einen Durchschnitt der »Gesetzesproduktion« von vier Gesetzen *pro Tag* (insgesamt 625 Bundesgesetze und 821 Landesgesetze).

Sogar der Präsident der Richtervereinigung, Jesionek, wandte sich gegen diesen inflationären Paragraphen-Slalom: »Wenn irgendwo ein Mißstand auftritt, macht man ein neues Gesetz und glaubt, daß jetzt alles besser sei.« Dies habe aber dazu geführt, daß in bestimmten Fällen kein Richter, kein Anwalt und kein Universitätsprofessor auf Anhieb eine klare Rechtsauskunft geben könne. Der einfache Staatsbürger aber soll sich darin zurechtfinden?

Im Rahmen einer wissenschaftlichen Untersuchung wurden etwa alle Rechtsvorschriften und Verordnungen erfaßt, die für den Wohnbau relevant sind. Das unglaubliche Resultat: Es gibt insgesamt 1100 Rechtsvorschriften auf diesem Gebiet – vom »Hausbesorgergesetz« bis hin zu allen möglichen in der Verwaltung wirkenden Gesetzen.

Die Hofreitschul-Verordnung / Es paßt exakt in die Landschaft, wenn Kuriositäten am laufenden Gesetzesband für Heiterkeit und ungläubiges Kopfschütteln sorgen. So gibt es beispielsweise eine prachtvolle Verordnung (vom 26. Oktober 1976), in der minuziös die »Beistellung von Dienstkleidern und Dienstabzeichen an das aktive reitende Personal der Spanischen Reitschule« geregelt wird.
Zuerst wird einmal klargestellt: »Aktives reitendes Personal im Sinne dieser Verordnung sind der Leiter der Spanischen Reitschule, sein Stellvertreter, die Oberreiter, Bereiter, Bereiteranwärter und Reiteleven.«
Und im gestreckten Verordnungsgalopp geht es munter weiter: »Das aktive reitende Personal ist nach Maßgabe dieser Vorschrift verpflichtet, im Dienst eine der aus den Anlagen A bis C ersichtlichen Uniformen sowie die aus Anlage D ersichtlichen Dienstabzeichen zu tragen.« So, jetzt müßte der bürokratiegestählte Reiter eigentlich Bescheid wissen.
Um jegliche Unklarheit auszuschließen, heißt es aber ernsthaft weiter: »Der beteilte Bedienstete haftet für Verluste und Beschädigungen, wenn diese durch Vorsatz und grobe Fahrlässigkeit verursacht worden sind. Der Ersatz des Schadens ist in Geld zu leisten und wird im Abzugswege von den Bezügen hereingebracht.«
Das »aktive reitende Personal« sei verpflichtet, die Uniformen »stets in gutem und brauchbarem, einen gefälligen Eindruck erweckenden Zustand zu erhalten«.
Zur Uniform dürfen nur Orden und Ehrenzeichen sowie »getönte optische Gläser getragen werden«.
Unterzeichnet ist die kuriose Bestimmung höchst kompetent von der kompletten Regierung: von Kreisky abwärts

über den Finanz-, Handels-, Bautenminister bis hin zum Sozial- und Wissenschaftsminister. Wenn da die Bürokratie in Österreich nicht einen Wieherer wert ist!
Die zitierte Verordnung erschöpft sich jedoch keineswegs in trockenen Texten, sondern liefert gewissenhafte Zeichnungen dazu. Darin wird aufgemalt, wie die Hirschlederhose, wie die Stulpenstiefel, die Galahose und selbstverständlich auch die Schabracke auszusehen habe. Jene für den Leiter der Spanischen Reitschule, dann jene für den Oberreiter und schließlich jene für den gemeinen Bereiter.
In der Passage, in der der Galazaum und das Vorderzeug des Pferdes des Leiters der Spanischen Reitschule detailliert beschrieben wird, ist unter anderem der Durchmesser der geflochtenen Rosette exakt mit fünf Zentimetern und die Länge der zwei Goldquasten (je acht Zentimeter) vorgegeben.
Wenn das so weitergeht, werden die Touristen bald nicht mehr bloß nach Österreich kommen, um die wunderbaren Pferde zu bestaunen, sondern auch um diese köstlichen Ausritte bürokratischer Herrenreiter als nostalgischen Blick in eine längst versunken geglaubte Zeit zu bewundern.

Flurhüter und Schweifhaare / Die älteste in Wien in Gebrauch stehende Rechtsvorschrift ist das »Hofdecret der Central-Finanz-Hof-Comission vom 25. April 1750 über die Einhebung der Licitations-Armenprocente«. Sie soll nunmehr durch ein schnödes Versteigerungsabgabegesetz ersetzt werden.
Im Jahr 1983 noch immer in Kraft war auch die »Verordnung vom 22. November 1911, wirksam für das Erzherzogtum Österreich unter der Enns, betreffend die Erfordernisse zur Bestätigung und Beeidigung für das zum Schutz der

6)
Aus der »Verordnung der Bundesregierung vom 26. Oktober 1976 über die Beistellung von Dienstkleidern und Dienstabzeichen an das aktive reitende Personal der Spanischen Reitschule« im Bundesgesetzblatt vom 30. November 1976.

§ 1 Aktives reitendes Personal im Sinne dieser Verordnung sind der Leiter der Spanischen Reitschule, sein Stellvertreter, die Oberbereiter, Bereiter, Bereiteranwärter und Reiteleven.

ZWEISPITZ

Der Zweispitz besteht aus einem Hasenhaarstumpen und wird der Breite nach getragen. Er wird von einem 7 cm breiten Moiréband eingefaßt. Über eine im Durchmesser 10 cm messende Rosette aus Moiré verläuft von rechts oben nach links unten die doppelte Goldborte, die mit einem goldenen Uniformknopf (2,3 cm Durchmesser) am Zweispitz befestigt ist. Die Goldborte ist ein Dienstgradabzeichen: Oberbereiter und Bereiter 3,5 cm, Bereiteranwärter 1,5 cm, Eleven 1 cm. Das Schweißleder ist schwarz und 4 cm breit. Der Zweispitz ist mit Seide gefüttert (weiß oder schwarz). Die Länge des Zweispitzes beträgt 20 cm, die Breite 40 cm, die Höhe 15 cm.

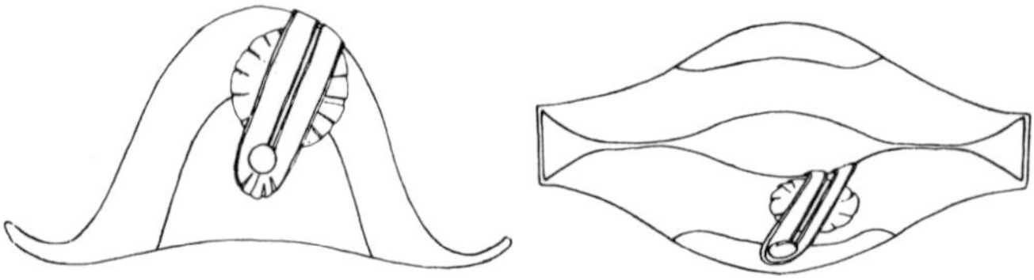

TELLERKAPPE

Die Tellerkappe ist aus grauem Popeline (wie die Sommerhemden des Bundesheeres M 64). Der 4,8 cm hohe Steg der Kappe ist mit einer dunkelgrauen Weinlaubborte versehen. Über dem schwarzen Schirm befindet sich ein gedrehtes Sturmband, vorne an der Kappe befindet sich eine Kokarde.
Bereiteranwärter: Schwarzes Sturmband, Blechkokarde.
Bereiter: Silbernes Sturmband, Silberkokarde.
Oberbereiter: Goldenes Sturmband, Goldkokarde.
Die Länge der Kappe beträgt 21 cm, die Breite 15 cm. Der Schirm ist aus schwarzem Kunststoff, das Schweißleder ist grau.

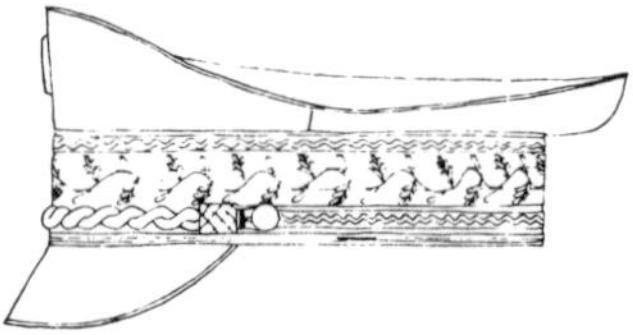

Landeskulturen bestellte Wachpersonal«. Gleichfalls gültig war 1983 noch die Magistratskundmachung vom 25. April 1901 über das »Abschneiden der Schweifhaare der auf dem Zentralviehmarkt in St. Marx eingestellten Rinder«.
Per Computer wurde in der Bundeshauptstadt ermittelt, wie viele Rechtsvorschriften es in Wien derzeit gibt, die noch in Kraft sind: Es waren neunhundert. 170 davon sind vor dem 1. Januar 1955 verfügt worden. Wie eine weitere Überprüfung ergab, könnten eigentlich hundert dieser Gesetze ersatzlos gestrichen werden.

Gesetze: Darf's ein bißchen mehr sein? / Wie viele Gesetze wird wohl in Österreich ein einfacher Lebensmittelhändler zu beachten haben, wenn er seine Tätigkeit ausüben will? Zehn, fünfzehn oder gar zwanzig? Weit gefehlt! Es sind – genau 129 Gesetze, 39 Verordnungen und 21 finanzrechtliche Vorschriften! Insgesamt also rund 190 Rechtsnormen, die für einen einfachen Milch-, Käse- und Wurstsemmelverkäufer mühsam beschlossen wurden. Und noch mühsamer exekutiert werden.
Wer meint, daß dies alles noch Relikte aus der alten k.u.k.-Zeit oder zumindest aus der Hitler-Ära seien, irrt gewaltig. In der Paragraphenproduktion ist Österreich nach wie vor Weltspitze.
Allein auf dem lebensmittelrechtlichen Sektor, um bei diesem Beispiel zu bleiben, sind seit 1970 30 Verordnungen entstanden, die zum Teil recht eigentümliche Namen tragen. Da existiert etwa eine Verordnung über den »Verkehr mit Kuhmilch«, mit »Enteneiern oder Essigsäure«, eine Antioxydantienverordnung, eine Zusatzstoffkennzeichnung, eine Lebensmittelfarbstoffkennzeichnungsverordnung, eine Lebensmittelfarbstoffverordnung etc.
Das Qualitätsklassengesetz beinhaltet acht Verordnungen, darunter auch eine über die richtige Krümmung von Gur-

ken! Tu felix austria, verordne! Kaum auszudenken, wie kompliziert das Leben in diesem Land wäre, wenn sich alle wirklich an diese Gesetze halten würden. Die Kontrolle der inflationär erlassenen Vorschriften würde sogar den gewaltig aufgeblähten österreichischen Beamtenapparat hoffnungslos überfordern.

In Wien tauchten Pläne auf, gegen diese Paragraphenflut etwas zu unternehmen. Ein »Rechtsbereinigungsgesetz« schien das Richtige zu sein. So nach dem Motto: Wie schaffe ich ein Gesetz ab? No, natürlich wieder durch ein Gesetz!

Preisregelung für Hostien / Eine geradezu köstliche Lektüre sind in diesem Zusammenhang die Veröffentlichungen in der amtlichen »Wiener Zeitung«. Da finden sich beispielsweise Verlautbarungen des Finanzministeriums zum Thema »Festsetzung von beweglichen Teilbeträgen der Ausgleichsabgabe nach dem Ausgleichsabgabengesetz«. Da werden dann munter die Preise verschiedenster Artikel streng geregelt, angefangen von Hostien über Pflaumenmus, Hühnereier (gekocht mit und ohne Schale) bis hin zu Puffreis und zum Schiffszwieback...

Das Juristenmonopol / Diese Entwicklung der wuchernden Vor- und Abschriften wurde durch das De-facto-Juristenmonopol unter Österreichs Beamten erleichtert und mitunter überhaupt erst ermöglicht.

Laut Amtskalender sind 66,4 Prozent der Akademiker im Verwaltungsdienst Juristen. Dieser Wert streut von 100 Prozent (Justizministerium) bis 33,3 Prozent (Landwirtschaftsministerium). Die oberen Dienstklassen rekrutieren sich allerdings fast ausschließlich aus Juristen.

In der Zeitspanne von 1949 bis 1971 ist, wie eine Untersuchung ergab, der Juristenanteil um 250 Prozent gewachsen.

Und das, obwohl von insgesamt 45 Akademiker-Dienstzweigen für nur sieben ausschließlich der Abschluß des rechtswissenschaftlichen Studiums und für weitere 18 wahlweise ein Studium der Rechts- oder Wirtschafts- oder Sozialwissenschaften gefordert wird.
Schon Metternich hat dazu den treffenden Satz geprägt: »In Österreich wird nicht regiert, sondern verwaltet.«

212 Kommissionen / Die kräftig wachsende Bürokratie ist der Humus für eine weitere österreichische Spielart: Nämlich für das prachtvolle Instrument der Nicht-Entscheidung, für die Kommissionen. Heinz Fischer hat in seiner Analyse des politischen Systems in Österreich eine interne Untersuchung des Bundeskanzleramtes zitiert. In diesem diskreten Papier wurde festgehalten, daß bei den einzelnen Ressorts der Bundesverwaltung (ausgenommen das Wissenschaftsministerium) insgesamt 212 Kommissionen, Beiräte, Arbeitsgruppen und dergleichen eingerichtet sind.
Diese stellen ein schönes Argument für eine Fülle von wichtigen Besprechungen dar, die gern so angesetzt werden, daß sich eine Rückfahrt in das Amt dann nicht mehr lohnt. Protokolle werden durch Ergänzungs-Protokolle ergänzt, Unterschrift an Unterschrift gereiht. Nur herausgekommen ist bei diesen Gesprächen bisher kaum etwas.

Die Hochbürokratie / Sehr geteilte Meinungen herrschen in Österreich über den unmittelbaren politischen Einfluß, den Beamte nehmen können. Dazu sollte man sich vor Augen halten, daß von den 280 000 Beamten, die in der Bundesverwaltung tätig sind, nur 14 Prozent in der Hoheitsverwaltung aktiv sind. Insgesamt arbeiten nur zwei Prozent in den Ministerien.
Heinz Fischer hat das als Kenner des innerparteilichen Machtstromes genau nachgerechnet: Er schreibt einen

»potentiellen politischen Einfluß« nur den A-Beamten zu. Dazu gehören durchschnittlich ca. 40 bis 50 Prozent der Ministerialbürokratie.
Geht man weiters davon aus, daß von der Gesamtzahl der A-Beamten in den Ministerien im Durchschnitt fünf Prozent Sektionsleiter sind, so sieht man, wie wenige Beamte in der Hochbürokratie wirklich potentiell ernsthaften politischen Einfluß haben. Das sind, in absoluten Zahlen ausgedrückt, nach der Einschätzung Fischers, nicht mehr als rd. 1000 Beamte im ganzen Bundesgebiet.
Dies bedeutet, daß der direkte, aktive Einfluß auf das politische Geschehen durch die Beamten überschätzt wird. Ihre Stärke liegt aber auch in einer professionellen Defensiv-Strategie: Leitende Beamte können einem ihnen nicht genehmen Minister das Leben zur Hölle machen. Beobachter merken dies dann meist daran, daß vom Minister propagierte neue Gesetzesvorlagen plötzlich liegen bleiben, wenn sich die »Wenns« und »Abers« mehren, wenn auf einmal »nichts mehr geht«.
Dann zucken sie mit freundlich chinesischem Lächeln mit den Schultern. Sie wissen zu gut um ihre Stärke Bescheid: Neue Minister gibt es alle paar Jahre, die Beamten aber bleiben bis zur Pensionierung ...

Das Wachstum des Staates / Ein kurzer Blick in die Geschichte Österreichs beleuchtet, daß sich die Staatsquote umgekehrt proportional zur Größe entwickelt hat. Oder im Klartext festgestellt: Je kleiner Österreich wurde, desto massiver hat sich der Staat bei den Bürgern bedient.
Die Abgabenquote (in Prozent des Sozialprodukts) lag zu Zeiten der Monarchie zwischen zehn und vierzehn Prozent – heute sind wir längst bei über 42,4 Prozent gelandet.
Das wiederum bedeutet, daß viele Österreicher von Jänner bis Mai für den Staat und dann erst die restliche Zeit für sich

arbeiten. So teuer ist die Erhaltung des mächtigen Verwaltungsapparates geworden. Und die Beamtenschaft ist als Wählerpotential so gewichtig, daß es kaum ein Spitzenpolitiker wagt, sich mit dieser Berufsgruppe anzulegen.
Die Kosten aber schreiten unaufhaltsam voran. Wie Staatssekretär Löschnak festgestellt hat, steigen auch ohne Erhöhung der Bezüge die Kosten der Beamtenbesoldung pro Jahr wegen der automatischen Beförderungen und Vorrükkungen um mindestens ein Prozent, das sind weit über eine Milliarde Schilling.
Dabei hatte Bruno Kreisky, als er 1970 das Regierungsamt übernahm, ein durchaus distanziertes Verhältnis zu den Beamten. In einem »Spiegel«-Interview meinte er damals über die bürgerlich dominierte politische Haltung in den Amtsstuben: »Das merke ich! In den Ministerien ist noch nie so viel verbrannt worden, wie bei diesem Regierungswechsel. Alle Öfen brennen.«
Jede Regierung versucht »ihre« Leute auch in Beamten-Spitzenpositionen zu bringen. Scheitert dies am »andersfarbigen Widerstand«, dann werden eben Ministersekretäre mit Sonderverträgen ins Haus geholt. Diese Laufbahn hat sich als besonders karriereträchtig herausgestellt. Eine für den Zeitraum 1970 bis 1976 durchgeführte Analyse zeigte auf, daß in dieser Zeitspanne 64 Sekretäre aus den Ministerbüros ausgeschieden sind. Davon avancierten 15 in höchste Beamtenfunktionen (zum Teil unter Mißachtung dafür vorgeschriebener Erfordernisse), fünf davon wurden Sektionschefs, zehn Abteilungs-oder Gruppenleiter und vier traten den auch nicht schlechten Job eines Botschafters im Ausland an.

Jeder Fünfte arbeitet beim Staat / Wie durchtränkt mit Bürokratie und pragmatisierten Beamten das kleine Österreich ist, macht deutlich, daß von 2,8 Millionen Arbeitnehmern über 500 000 als Beamte dienen. Jeder fünfte Arbeitnehmer arbeitet bereits für den Staat. Wer das bissig kommentieren will, erinnert sich an das griffige Schelsky-Zitat: »Immer weniger müssen immer mehr arbeiten, damit immer mehr immer weniger arbeiten können.«

7) Das Wachstum des österreichischen Staates (1850–1982) (Abgabenquote, in Prozent des Sozialproduktes)

1850	1870	1900	1930	1950	1960	1970	1982
10,0	12,0	14,0	20,2	27,8	30,3	35,9	42,4

Quelle: *Nowotny* 1982: 355

16 Dienststellen kontrollieren ein Haus / Die Witze über die starre Bürokratie im Ostblock sind in Österreich Legion – wer allerdings ein Einfamilienhaus bauen will oder gar ein Betriebsgebäude für ein kleines Werk wird feststellen, wie wuchernd die Bürokratie in Österreich tatsächlich ist. Allein die Abhaltung einer baupolizeilichen Verhandlung versammelt oft zwanzig gutdotierte Beamte im trauten Fachsimpeln, das mit einem gemütlichen Beisammensein abgeschlossen zu werden pflegt. Rechnet man auf diese Weise anfallende Stundenkosten zusammen, ist dies ein ungeheurer Verwaltungsluxus, den sich der Staat Österreich leistet.

Allein für einen Wohnungsbau sind etwa in der Bundeshauptstadt 16 verschiedene Magistratsdienststellen zu befassen. Der Amtshandlungsradius reicht vom Abmessen des Baudurchmessers bis hin zum Aufstellungsplatz für Müllgefäße und den Platz für die »Hausbriefanlage«.

Der einzelne Staatsbürger, nicht geschult in Paragraphen und länderweise unterschiedlichen Bauordnungen, droht in der Flut der zu befolgenden Befehle förmlich zu ertrinken. Wie Mandarine herrschen die Offiziale und Oberoffiziale. Oft reicht es für ihr Selbstvertrauen zu signalisieren, was sie

alles verlangen könnten – an verteuernden Umbauten etc. –, um dann gnädig wie ein Despot auf die lückenlose Einhaltung denn doch zu verzichten.
Noch dramatischer kann die Situation bei den Arbeits- und Gewerbeinspektoraten sein: Diese Beamten können, ohne für die Kosten der Auf-, Um- und Zubauten aufkommen zu müssen, mitunter geradezu ruinöse Forderungen stellen, die von den Firmen zu erbringen wären. Es gibt kaum ein Ofenrohr, bei dem nicht eine alte Verordnung eine bestimmte Krümmung vorschreiben würde, kaum eine Öffnung, die nicht vom Format her änderungsverdächtig wäre etc.
Hier regieren die Beamten im kleinen ihre Umwelt. Für die Minuten der Verhandlung treten sie aus ihrem mausgrauen Alltag, um Herr über Kosten und Baufortschritt zu sein. Ihr Selbstvertrauen ist aus Paragraphen geschmiedet, ihre Macht mit Verordnungen zementiert.
Österreich wurde eine menschlichere Welt versprochen, eine humanere Justiz. Und was ist daraus geworden?
Allein im Jahr 1982 hat der Bund über 600 Gesetze, Verordnungen und Kundmachungen produziert, die auf 2860 Seiten Bundesgesetzblättern bekanntgegeben wurden. Dazu kommen Unmengen von neuen Bestimmungen der Landesbehörden.
Das Füllhorn neuer Vorschriften hat nicht mehr an Gerechtigkeit gebracht, sondern nur mehr Unsicherheit. Jene Gesetzesmandarine, die »kundig« sind, können eher Herrschaft über jene ausüben, die diese Bestimmungen nicht kennen. Was sozial gemeint war, ist höchstens unsozial geworden.
Ist der einzelne Staatsbürger diesen Gesetzen voll ausgeliefert, so schützt sich die Bürokratie in hervorragender Weise: Es gibt etwa bis heute keine Bestimmung, die es beispielsweise Steuerzahlern ermöglichen würde, von der

Finanzverwaltung in bestimmten Fragen eine rechtsverbindliche Auskunft zu erhalten.

Noch schlimmer ist es, wenn sich jemand wegen der Unklarheit gewisser »Gummiparagraphen« an die Höchstgerichte wendet. Hier gehört eine gewisse restliche Lebenserwartung dazu, um das Urteil zu erleben: Wegen der Überlastung des Verwaltungs- und Verfassungsgerichtshofes dauern derartige Fälle bis zu drei Jahren. Der finanzielle Aufwand muß vom einzelnen getragen werden.

Denn so flott die Republik beim Beschließen von Gesetzen ist, so mangelhafte Möglichkeiten bietet sie jenen, die für den Vollzug sorgen sollen. So haben bis zum Frühjahr 1983 die meisten Richter an den größeren Gerichtshöfen überhaupt keinen Fernsprechanschluß, mit dem sie direkt über das Ortsgebiet hinaus telefonieren können. Der Richter muß sich vielmehr umständlich über die Telefonzentrale vermitteln lassen, nach 15.30 Uhr oder am Wochenende sind diese Zentralen jedoch überhaupt nicht mehr besetzt. Das heißt, daß der Richter dann kein Gespräch über das Ortsnetz hinaus führen kann.

Das führt in Einzelfällen dazu, daß Richter in dem beim Gericht angeschlossenen Gefangenenhaus bitten, telefonieren zu dürfen, oder in ganz dringenden Fällen gehen die Richter ins Kaffeehaus und wickeln dort die Dienstgespräche ab (Zitat aus der amtlichen »Wiener Zeitung«).

Der Präsident der Richtervereinigung, Dr. Udo Jesionek, schilderte etwa folgenden Fall: Es war um 16 Uhr ein Haftbefehl auszustellen. Der Richter mußte zur Klärung des Sachverhaltes einen Rückruf bei der Gendarmerie – außerhalb des Ortsnetzes – tätigen, dazu kam es mangels Direkttelefon nicht. Der Haftbefehl unterblieb fürs erste, bis der Richter am nächsten Tag wieder via Telefonzentrale den Sachverhalt klären konnte.

Eine Auflistung zeigt die bei einem neuen Betriebsgebäude

notwendigen Behördengenehmigungen (siehe Anhang Seite 206 f.).
Die von der Stadt Wien ausgegebene Checkliste für die Errichtung neuer Einfamilienhäuser liest sich wie ein Inquisitionsbogen. Fünf dicht beschriebene Seiten lang werden komplizierte Fragen gestellt, die den Antragsteller, so er nicht zufällig Architekt ist, hoffnungslos überfordern.

Der Jahrmarkt der Eitelkeit / Ausländische Besucher schmunzeln immer wieder über die Titelfreudigkeit der Österreicher. Im Hotel Sacher wird der Gast nach Möglichkeit immer eine Stufe höher angesprochen, als sie seinem tatsächlichen beruflichen Status entspricht. Und was das Schönste ist: Dieser Eindruck, den Ausländer haben, ist keineswegs untypisch, sondern die Wirklichkeit ist noch viel titelsüchtiger.
Da wird in Österreichs Ämtern beispielsweise peinlich genau zwischen den zwei Arten von Hofräten unterschieden, die es gibt: den »Wirklichen Hofrat« – dieser wird als Amtstitel verliehen – und den »Berufstitel« Hofrat, für dessen Verleihung der jeweilige Ressortminister einen entsprechenden Antrag stellen muß.

Kommerzialrat für die Statistik / Was für Beamte recht ist, muß wohl auch für Unternehmer und Manager billig sein. Für sie kommen weniger die diversen Beförderungen zum Hofrat in Frage als vielmehr der schöne Titel eines Kommerzialrates. Es wäre aber nicht Österreich, wenn es nicht auch davon verschiedene Formen gäbe. Zunächst einmal ist in der langatmigen Gesetzespassage, Bundesgesetzblatt Nummer 320 vom 22. 7. 1971, genau geregelt, wer Kommerzialrat wann werden darf. Und zwar als Berufstitel für langjähriges, erfolgreiches Wirken. Damit müßte das einfach geregelt sein? Nein, nein, da geht die Sache erst los. Die

Vorschläge werden erstattet und müssen über die Bundeswirtschaftskammer – man erkennt daran sofort ihre eminent wichtige Schlüsselrolle für Österreichs Wirtschaft – gesammelt werden. Von dort werden die Vorschläge schließlich an die Kanzlei des Bundespräsidenten weitergeleitet. Ehe es soweit ist, hat jedoch bereits ein Beamter des Handelsministeriums bis zu einem Jahr lang »geprüft«. Es weiß zwar keiner so ganz genau, was und wie da alles mögliche geprüft wird, der zuständige Beamte jedoch versichert im Brustton der Überzeugung: »Das wird schon alles sehr genau gemacht.«

Da müssen viele Briefe geschrieben und Anträge weitergeleitet werden. So viele, daß inzwischen ein Jahr ins Land gezogen ist, weil man schließlich nicht jeden Brief gleich beantworten kann. Und die Segnungen des Weltpostvereins mit der Propagierung des fernmündlichen Verkehrs kommen für so gewichtige Sachfragen natürlich nicht in Betracht.

Wenn man jung genug ist, darf man sich dann aber immerhin Kommerzialrat nennen.

Daneben gibt es selbstverständlich auch noch eine andere Möglichkeit, sich gleichfalls »Kommerzialrat« nennen zu dürfen. Denn »fachmännische Laienrichter« (werden vom Justizministerium für drei Jahre bestellt) oder Mitglieder des Beirats für Statistik des Außenhandels (werden von der Bundeskammer auf fünf Jahre vorgeschlagen) werden gleichfalls mit dem Kommerzialrat belohnt. Mit dem neckischen vollen Wortlaut: »Kommerzialrat für die Statistik des Außenhandels«.

Selbst wenn die Fleißaufgabe als Statistiker einmal beendet ist, wissen Routiniers der österreichischen Szene, wird sich nichts ändern – und der gute Mann wird zeit seines Lebens als der »Herr Kommerzialrat« seine Melange im Kaffeehaus serviert bekommen.

Das Instrument der Titelverleihung ist und bleibt ein wirkungsvolles Mittel, um Macht auszuüben bzw. um Mitarbeiter »auf Linie zu bringen«. Kaum einer der Betroffenen wird demjenigen oder derjenigen Partei, die ihm dabei geholfen hat, endlich Hofrat oder Ministerialrat zu werden, das so schnell vergessen. Auf mittlerer Beamtenebene kann mit der prallen Fülle von oft wundersamen Titeln ganz vorzüglich regiert werden.

Die Staatswappen-Inflation / Wie wär's mit einem lieben kleinen Bundesadler für Ihre Firma? Nein, keinen echten, sondern einen, den Sie dann auf Ihr Briefpapier drucken dürfen. So als käme der Brief vom Bundespräsidenten höchstpersönlich.
So unmöglich ist es gar nicht, den zu ergattern. Und zu teuer auch nicht: Für die Einreichung müssen Sie das Ansuchen mit Bundesstempelmarken im Wert von 350 Schilling versehen. Wenn Sie Beilagen über Ihr hervorragendes Unternehmen beifügen wollen, so müssen Sie je Bogen mit jeweils weiteren 25 Schilling Stempelmarken rechnen. Großzügigerweise ist diese Beilagen-Besteuerung mit einem Höchstbetrag von 150 Schilling limitiert. Ferner ist in den schriftlichen Anleitungen zum Ansuchen um den Bundesadler zu lesen: »Es wird ersucht, auch allfällige weitere Eingaben im Zuge eines Auszeichnungsverfahrens mit Bundesstempelmarken im Wert von 100 Schilling zu versehen.«
Hat man auch diesen Betrag zusammengespart, kann eigentlich nicht mehr viel schiefgehen: Das Ansuchen beginnt dann seinen Behördenslalom. Zunächst einmal werden die Bundeskammer der gewerblichen Wirtschaft und des Österreichischen Arbeiterkammertages zur Begutachtung eingeladen. Erst auf Grundlage der Gutachten sowie der Überprüfung der vom Handelsministerium zugleich einge-

holten Gewerbeakten und Handelsregisterauszüge kann eine »Erledigung des Auszeichnungsansuchens erfolgen«, wie es im Beamtendeutsch heißt.
Und neckisch wird hinzugefügt: »Im Falle ablehnender Begutachtung würde das Begutachtungsergebnis dem einschreitenden Unternehmen unter Einräumung einer Frist zur Gegenäußerung zur Kenntnis gebracht werden.«
Aber das wird schon nicht passieren – denn der gelernte österreichische Unternehmer hat längst seinen Betriebsrat in der Arbeiterkammer intervenieren lassen und hat die Sache in der Handelskammer selbst in die Hand genommen, weil er dort jemand kennt, der wiederum einen im Handelsministerium kennt.

8) Verleihungen (Staatswappen)

Jahr	Genehmigt	Ansuchen
1968	16	24
1969	13	27
1970	25	34
1971	20	31
1972	23	52
1973	31	49
1974	43	72
1975	55	75
1976	52	120
1977	75	133
1978	68	145
1979	99	128
1980	145	151
1981	104	129
1982	78	111

Quelle: Handelsministerium April 1983

Am Ende kommt dann eine »Auszeichnungsverleihung« heraus, über die Sie sich nicht nur freuen dürfen, sondern auch noch einmal eine Verwaltungsabgabe von 4500 Schilling berappen müssen. Eitelkeit hat eben seine Preis, und darum wird Ihnen für das »Auszeichnungsdekret« auch

noch eine Stempelgebühr in Höhe von weiteren 100 Schilling aufgebrummt.
Wenn er etwas im Rahmen seiner langjährigen Ministertätigkeit zuwege gebracht habe, meinte der beliebte und joviale Handelsminister Staribacher einmal, dann sei das folgendes: Er habe Tür und Tor für alle beim Jahrmarkt der Eitelkeit geöffnet, bei der Ernennung zum Kommerzialrat und bei der Verleihung des Staatswappens. Sogar dem kommunistischen Globus-Verlag hat der Handelsminister diese Auszeichnung zukommen lassen.
Die Form des Staatswappens – hatten Sie etwas anderes erwartet? – ist selbstverständlich im Gesetz minuziös fixiert. Es besteht aus: einem freischwebenden, einköpfigen, schwarzen, golden gewaffneten und rot bezungten Adler, dessen Brust mit einem roten, von einem silbernen Querbalken durchzogenen Schildchen belegt ist. Der Adler trägt auf dem Haupte eine goldene Mauerkrone mit drei sichtbaren Zinnen, im rechten Fange eine goldene Sichel mit einwärts gekehrter Schneide, im linken Fange einen goldenen Hammer.
Daß Minister Staribacher die Eitelkeit der Österreicher richtig eingeschätzt hat, zeigt die seit der »Auszeichnungs-Liberalisierung« eingesetzte Verleihungswelle. Die Anzahl der Genehmigungen hat sich in dem Jahresvergleich 1973 zu 1980 fast verfünffacht!

4
DIE NETZE DER MACHT

Der größte Hausherr Europas / Wie durchtränkt Österreich von der Parteibuchwirtschaft ist, wird spätestens bei der Wohnungssuche bewußt. Da gibt es »rote« und »schwarze« Bauten, da gibt es sozialistisch dominierte und ÖVP-nahe Wohnbauvereinigungen, die sich zärtlich »gemeinnützig« nennen. Sie haben einen famosen Prüfungsverband, der einen entscheidenden Vorteil hat: Die Prüfung läuft im eigenen Kreis, man bleibt sozusagen unter sich. Die Materie sei so kompliziert, verlautet man nach außen, daß sich Nicht-Insider kaum zurechtfinden würden. Womit sie zweifellos recht haben, denkt man an die gigantischen Skandale, die es angefangen vom VP-nahen Prinke-Verein über den sozialistischen Bauring bis hin zur jüngsten Affäre um die Wohnbaugenossenschaft Ost im Burgenland gegeben hat.

Wie ein rot-schwarzer Faden hat sich in jedem dieser Fälle der politische Einfluß bis in den hintersten Winkel der Wohnbauvereinigungen erstreckt. Da wurden Wohnungen »politisch« vergeben, da wurden Förderungsgelder geschachert und da wurde Geld für die Partei »gemacht«.

In Österreich verzichten nur Snobs auf geförderte, und damit auf Kosten der Allgemeinheit mitfinanzierte, Wohnungen. Und wer erraten will, wer in den schönsten dieser geförderten Wohnungen sitzt, der braucht nicht irgendwelche Sozialfälle oder besonders kinderreiche Familien zu vermuten. Meist sind es die Funktionäre selbst sowie deren Bekannte und Freunde. In Wien gibt es beachtliche Reihenhaussiedlungen – gefördert selbstverständlich –, die so heftig von politischer Prominenz bewohnt werden, daß dafür von der Bevölkerung taxfrei die Bezeichnung »Bonzensiedlung« gefunden wurde.

Das System beginnt bereits bei der Grundstücksbeschaffung, zieht sich über die erforderliche behördliche Genehmigung weiter und erlebt im sogenannten Vergabeausschuß – der ist schön paritätisch besetzt – einen ersten Höhepunkt, wenn die Steuergelder für die Förderung der vorliegenden Bauprojekte vergeben werden. Macht die ÖVP der SPÖ bei einer Sache Schwierigkeiten, so wird sie selbst bei der beantragten Förderung für »ihren« Bau lange warten. Also versteht man sich. Man versteht sich untereinander so gut, daß der Außenstehende das gar nicht mehr verstehen kann...

Um den parteipolitischen Einfluß durchgängig zu halten, ist die »Verländerung« des Wohnbausystems eine nützliche Sache. Auf diese Weise können die jeweiligen Landesfürsten brave Untertanen und willige Wähler in spe mit einer neuen »Sozialwohnung« adeln.

Wie famos dieses Prinzip gehandhabt wird, läßt sich prächtig in Vorwahlzeiten erkennen: Da werden die Förderungstöpfe ausgeräumt, daß dann bis einige Jahre nach der Wahl wirklich nichts mehr in der Wohnbau-Förderungskasse drin ist.

Theoretisch gibt es wohl Objektivierungskriterien für die Vergabe der Wohnungen, diese werden aber in den einzelnen Bundesländern sehr unterschiedlich gehandhabt. Dies trifft insbesondere auf Wien zu, wo Antragsteller wohl artig um einen »Vormerkschein« bei der Wohnungsvergabe »einkommen« dürfen, die echte und ungleich wirksamere Vergabe erfolgt hingegen über das jeweilige Bezirkssekretariat der Partei.

Die Stadt Wien als Hausherr / So verpolitisiert der Wohnbau in Wien ist, so verkorkst ist beinahe alles dran.
Etwa mit Hilfe des Mietengesetzes wird der Anschein erweckt, daß man es »den Hausherren schon zeigen wird«. Wobei diese politische Argumentation dadurch eine geradezu heitere Note bekommt, wenn man bedenkt, daß die Gemeinde Wien selbst seit Jahrzehnten nicht nur der größte Hausherr Österreichs, sondern ganz Europas ist.
Wie das meiste, was in Österreich wirklich lange hält, stammt auch das Mietengesetz ursprünglich aus einer Übergangslösung. Am 26. Jänner 1917 wurde eine »Kaiserliche Verordnung zum Schutze der Mieter« erlassen. Damit sollten die Familien der im Felde stehenden Soldaten gegen Delogierungen und Mieterhöhungen abgesichert werden.
Die Sozialisten haben diese Kriegsverordnung später verewigen lassen. Und so blieb der Mietzins – eine »Friedenskrone« pro Quadratmeter – trotz bereits längst stattgefundener Einführung des Schilling als Währung bis zum 1. Jänner 1982 (!) unverändert.
Diese künstliche Mietenregulierung hat zu einer Mehrklassengesellschaft geführt. Der Wirtschaftspublizist Horst Knapp hat dies in den einfachen Satz komprimiert: »Seit über 65 Jahren bemüht sich Österreich vergeblich, bei der Wohnungspolitik die Gesetze des Marktes durch die Gesetze des Staates außer Kraft zu setzen.«
Wie sich dieses vermeintlich soziale Gesetz auf die Wohnungssituation ausgewirkt hat, beweist das Beispiel der Bundeshauptstadt: Im Jahr 1983 verfügten von den insgesamt 800 000 Wohnungen 200 000 weder über einen eigenen Wasseranschluß noch über ein eigenes Klo. Die Bassena-

Wohnung von anno dazumal ist in vielen, zu vielen Wiener Häusern Bürgeralltag.

Mehr als die Hälfte der 558 000 Wohnungen in den traditionellen Wiener Wohnbezirken sind laut einer Untersuchung des »Wiener Instituts für Stadtforschung« »dringend« oder »dringendst« sanierungsbedürftig. Das Institut schätzt, daß rund 100 Milliarden Schilling aufgewendet werden müssen, um die alten Wohnviertel zu sanieren.

Die Gemeinde Wien ist mit einem Besitzstand von 200 000 Wohnungen der größte Hausherr Europas.

Jahrzehntelang hat sie die von ihr errichteten Wohnungen gratis an die Wiener übergeben und damit ihre absolute politische Mehrheit zementiert. Seit Ende der sechziger Jahre werden »Baukostenbeiträge« eingehoben, weil die ganze Sache nicht mehr finanzierbar wurde.

Wie politisch dominiert die Wohnbaupolitik vor allem in Wien ist, lassen auch die Projektierungen neuer Wohnblocks erahnen. Sie werden nicht selten auch davon bestimmt, wie viele Stimmen einer Partei in einem Bezirk zur Mehrheit fehlen. Hat man gerade zur rechten Zeit eine ordentliche Wohnhausanlage »zur Hand«, so kann das bedeuten, daß bei der nächsten Wahl der Bezirksvorsteher die »richtige Farbe hat«, weil die inzwischen dort eingezogenen Wohnungsbenützer ihre Dankbarkeit durch die Stimmenabgabe ausgedrückt haben.

Die Partei vergibt Wohnungen und schafft damit Einfluß. In etlichen Fällen nimmt sie auch Geld, sei es in Form von »Spenden« oder zumindest durch Parteimitgliedsbeiträge, die in Gemeindebauten persönlich von einem Partei-Vertrauensmann eingehoben werden.

Mehrklassengesellschaft / Das scheinbar sozial gerechte Mietengesetz hat de facto zu einer Mehrklassengesellschaft in Österreich geführt. Wer in Österreich eine in der Miete

»geschützte« Altwohnung ererbt oder erheiratet hat, wohnte in ihr bis Anfang 1982 nahezu umsonst und zahlt auch jetzt noch nicht viel. Alle anderen Mieter, vor allem die wohnungssuchenden jungen Familien, werden in neuen »Sozialwohnungen« und Genossenschaftswohnungen kräftig zur Kasse gebeten.

Eine Hofratswitwe mit einer hellen Vier-Zimmer-Altbauwohnung im Diplomatenviertel Wiens zahlt weniger Miete als ein junges Paar, das sich eine kleine Neubau-Garçonniere mieten muß.

Und daß die »gemeinnützigen Bauvereinigungen« beziehungsweise die Gemeinde Wien Wohnungen billiger erhalten können als kommerziell geführte Bauunternehmen, ist auch nicht der Fall: Ein im Jahr 1983 durchgeführter Kostenvergleich brachte keinen »sozialen« Kostenvorteil zutage.

Daher wird von der öffentlichen Hand nicht nur mehr der Neubau mit Förderungsdarlehen unterstützt, sondern auch der einzelne durch Annuitätenzuschüsse, Mietzinsbeihilfen und Wohnbeihilfen. Alle Maßnahmen sind selbstverständlich mit einem beachtlichen bürokratischen Antrags- und Überprüfungsaufwand verbunden.

Daß die Förderungen nicht gerade zur Verbilligung des sozialen Wohnbaus beigetragen haben, zeigt die Statistik: Im Jahr 1977 konnten mit 8,5 Förderungsmilliarden immerhin noch 32 578 Wohnungen fertiggestellt werden – 1981 reichten fast 13 Milliarden Schilling nur mehr, um 24 448 Wohneinheiten zu unterstützen. Woraus ein einfacher Schluß zu ziehen ist: Wo so großzügig Steuermittel vergeben werden, wird die Preissteigerungsrate stets der normalen Inflationsrate davonlaufen.

Trotz dieses absehbaren Finanz-Debakels, das da auf die öffentliche Hand zukommt, wird aus parteipolitischen Überlegungen an dieser Mehrklassen-Wohngesellschaft

und an den zum Teil atemberaubenden Privilegien festgehalten.
Allein in der Bundeshauptstadt Wien stehen 100 000 Wohnungen leer – die Besitzer zahlen lieber die paar Schilling an Miete, als daß sie die Wohnung anderweitig vergeben. Wozu auch, denn sie würden sich – dem Mietengesetz sei Dank – mit hoher Wahrscheinlichkeit nur Ärger einhandeln. Einen Langzeit-Mieter werden sie kaum mehr aus »ihrer« Wohnung rausbringen. Wenn der Inhaber eines »Hauptmietervertrags« geschickt von Paragraph zu Paragraph turnt, kann der Wohnungsbesitzer lange warten, bis er seine Wohnung freibekommt.
Die Situation ist bei neueren Sozial- und Gemeindewohnungen nicht viel anders. Wer etwa als einkommensschwacher Student eine geförderte Wohnung bekommen hat – völlig zu Recht –, der genießt diese Förderungsvorteile auch dann noch in einem ungebrochenen Ausmaß, wenn er längst zum Generaldirektor mit dickem Dienstauto, Ferienhaus am Wolfgangsee und Yacht am Mittelmeer aufgestiegen ist. Er darf ungestört weiter zu den sozialen Diskonttarifen wohnen.
Als etwa der frühere volkswirtschaftliche Referent des Gewerkschaftsbundes und nunmehrige Generaldirektor der Nationalbank mit einem Jahreseinkommen von mehreren Millionen Schilling noch immer munter in seiner Gemeindewohnung hauste, raffte er sich erst nach mahnenden Worten von Bundeskanzler Kreisky auf, in ein eigenes Haus zu ziehen.
Wäre er stur geblieben – es wäre rechtlich gar nicht so einfach gewesen, ihn dort hinauszuboxen, um die Wohnung für Bedürftige freizumachen. Die Staatssekretärin im Bautenministerium, Beatrix Eypeltauer, stellte ganz offen in einem Interview Anfang 1983 fest: »Den Kündigungsgrund des Zuvielverdienens gibt es nicht.« Und fügte

freimütig dazu, daß ja jeder ungeschickt sei, der seine geförderte Wohnung vorzeitig »ausbezahlt« (die Förderungsmittel frühzeitig tilgt), weil ihn ohnedies niemand aus seiner Behausung vertreiben kann. Selbst dann, wenn er in der Zwischenzeit vom Schuhputzer zum Multi-Millionär aufgestiegen ist.

Dafür blüht bei Altbauwohnungen das Ablösewesen. Trotz zahlloser politischen Versprechen, trotz Novellen und neuem Mietengesetz. Kassieren bei Neubauten die Parteien direkt oder indirekt mit, so sind es bei Altbauten die Vermieter. Sehen Sie, das ist Österreich: Diese Wohnungs-Haie profitieren von einem Mieterschutz, den die Sozialisten seinerzeit eingeführt haben, um das Wohnen billig zu halten. Der Markt, und insbesondere der Wohnungsmarkt, ist halt stärker als jede Ideologie. Nur manchmal kommt man ohne das richtige Parteibuch nicht in die gewünschte neue Wohnung. Womit die extrem hohe Parteibuchdichte sich im Lichte dieser Situation einigermaßen relativieren dürfte...

Die stille Nebenregierung / Naive Betrachter oder Ausländer mögen bei der Beurteilung der österreichischen politischen Entscheidungsprozesse die Meinung haben, daß grundlegende Entscheidungen im und vom Parlament, also von den Volksvertretern getroffen werden. Gelernte Österreicher wissen das besser: Es ist natürlich nicht so. Insbesondere dann nicht, wenn es um wichtige Entscheidungen im Bereich der Wirtschafts- und Sozialpolitik geht. Diese beiden Fragenkomplexe bestimmen immer stärker das politische Geschehen, werden aber traditionell nicht vom Parlament dominiert. Da sind in Österreich schon die Verbände vor.

Das fängt beim größten Verein Österreichs, dem Gewerkschaftsbund mit seinen 1,5 Millionen Mitgliedern, an,

pflanzt sich über die Bundeskammer und Arbeiterkammer, wo jeweils eine Zwangsmitgliedschaft etabliert ist, fort und mündet schließlich bei der Landwirtschaftskammer. Diese als Sozialpartnerschaft weltweit beachtete, höchst unkonventionelle Form spielt eine Schlüsselrolle, wenn es um die wirtschaftliche Zukunft dieses Landes geht.
Begonnen hat alles in der unmittelbaren Not- und Nachkriegsära: Im Jahr 1947 wurde die »Wirtschaftskommission« gegründet, der die genannten Verbände angehörten. Im Rahmen dieser Wirtschaftskommission kam es zwischen 1947 und 1951 zu den fünf Preis- und Lohnabkommen, mit deren Hilfe das Lodern der Inflation in den Nachkriegsjahren eingedämmt werden konnte. Es war dies keineswegs eine von Anfang an anerkannte Einrichtung. Insbesondere die Kommunisten versuchten immer wieder diese Verständigungsbasis zwischen den Interessengruppen zu stören und zu zerstören. Sie nahmen das vierte Preis- und Lohnabkommen sogar zu einem der Aufhänger für ihren Putschversuch im Jahr 1950, der allerdings durch das entschlossene Reagieren verantwortungsbewußter Österreicher – unter denen wiederum der spätere Gewerkschaftspräsident Franz Olah eine prägende Rolle einnahm – vereitelt werden konnte. Bis zum heutigen Tag ätzt die kommunistische »Volksstimme« gegen die »Packelei« der Sozialpartner. Denn gerade dieser immer wieder erzielte Konsens nimmt der extremen Linken die schärfste Munition, wenn sie ihre Rolle als Vorkämpfer der Arbeiterrechte legitimieren will. Österreichs Arbeitnehmer wissen längst, daß sie zur Wahrung ihres Einflusses weder auf der Ringstraße demonstrieren müssen noch die Unterstützung der Kommunisten brauchen: Sie haben in den letzten 35 Jahren besser abgeschnitten als die Kollegen in fast allen anderen Ländern der Welt.
Dank der Funktion der Paritätischen Kommission, die 1951

zum logischen Nachfolger der zitierten Wirtschaftskommission werden sollte. Hatte die Wirtschaftskommission durch das Bundesgesetz vom 4. April 1951 einen rechtlichen Charakter verliehen bekommen, blieb dies der Paritätischen Kommission bis heute vorenthalten. Daß ihr das nicht geschadet, ja im Gegenteil sogar sehr genützt hat, wird im folgenden Kapitel ausgeführt.

Die Kommission, die es gar nicht gibt: Das Wunder der Paritätischen / Wenn Sie »die Paritätische Kommission« anrufen wollen, werden Sie vergeblich im Telefonbuch blättern. Wenn Sie selbst ins Büro der »Paritätischen« eilen wollen, werden Sie sich wie in Franz Kafkas »Schloß« vorkommen: Es gibt keinen fixen Standort. Es gibt auch kein Büro, keine eigene Sekretärin, nichts. Sie werden auch nie einen Brief mit dem Aufdruck der Paritätischen zugestellt erhalten – so ein Briefpapier existiert sicherheitshalber gleich gar nicht.

Aber im Gesetz wird diese typisch österreichische Institution wenigstens verankert sein? Natürlich nicht – und auch in keiner Verordnung. Nirgends, an keiner einzigen Stelle wird sie auch nur mit einem einzigen Wort erwähnt – selbst dann nicht, wenn sie bei einzelnen Textpassagen eindeutig gemeint ist.

Strenggenommen ist sie eigentlich mit der österreichischen Bundesverfassung überhaupt unvereinbar.

Es gibt keine Mitgliedschaften bei ihr, sondern höchstens Zugehörigkeiten. Sie verfügt über keine eigene Geschäftsordnung, hat keine Statuten und Satzungen und gibt nur ungern etwas Schriftliches aus der Hand.

Sie funktioniert nach ungeschriebenen Gesetzen, aber sie funktioniert. Und wie! Da sind wohl der Finanz- und der Handelsminister im »Preisunterausschuß« stimmberechtigt, nicht hingegen in der Paritätischen Kommission selbst.

Nicht einmal der Bundeskanzler, wenn er beispielsweise bei der Vollversammlung den Vorsitz führt, darf mitstimmen.

Die großen Vier / Wenn es um entscheidende Wirtschafts- und Sozialfragen geht, dann bestimmen die »großen Vier«, die Präsidenten der vier Verbände. Natürlich schweben sie nicht im parteifreien Raum – jeder von ihnen hat einen prominenten Platz in einer der beiden Großparteien. Aber darüber hinaus haben sie sich im Rahmen der Sozialpartnerschaft ihren eigenen Machtradius geschaffen und ausgebaut.
Sie stört im wesentlichen auch nicht, wie die jeweilige Regierung zusammengesetzt ist. Ob es nun eine ÖVP-Alleinregierung, eine SPÖ-Alleinregierung oder irgendeine Koalition ist – ohne Wohlwollen der Sozialpartner kann in Österreich niemand regieren. Zu sehr sind die jeweiligen Machthabenden auf die wirklich Mächtigen in Österreich angewiesen – auf die großen Vier, die in unauffälliger Weise ihren Einfluß auch geltend machen und durchsetzen.
Sie haben eine Sonderstellung im österreichischen Machtgefüge: Als Präsidenten ihrer Organisation sind sie von dieser, zum Teil durch ein ausgeklügeltes, indirektes und mehrstufiges Wahlsystem, auf viele Jahre gewählt. Durch die Institution der Sozialpartnerschaft haben sie im gesetzlich nicht definierten Machtspektrum eine Schlüsselposition, ohne die sonst üblichen lästigen Nebenerscheinungen der Machtausübung (lange Debatten im Parlament, dringliche Anfragen etc.) in Kauf nehmen zu müssen. Und schließlich ist ihr Einfluß in der eigenen Partei durch die Doppelfunktion – politischer Spitzenmandatar *und* Sozialpartner – derart groß, daß sich keiner daran zu ritzen wagt.
Solange sich die großen Vier verstehen, solange wird dieses System auch funktionieren. Neben den Sachfragen spielt

das persönliche Element eine wichtige Rolle: Jeder muß mit jedem »können«. Damit dies auch in Zukunft so bleibt, werden nach dem gleichen Grundmuster auch die untergeordneten Teilbereiche der Paritätischen organisiert.
Wesentliche Elemente dieses Grundmusters sind etwa: Kein Mitarbeiter der Paritätischen ist irgendeinem anderen Mitarbeiter irgendwie unterstellt. In der Praxis gibt es selbstverständlich ein von den Personen und den dahinterstehenden Verbänden legitimiertes Macht- und Entscheidungsgefälle, es wurde jedoch niemals hierarchisch aufgelistet.
Eine andere wichtige Regel lautet, daß es prinzipiell nur einstimmige Beschlüsse gibt. Kann das Parlament nach dem Mehrheitsprinzip abstimmen, funktioniert das bei der Paritätischen nicht. Alles oder nichts, lautet hier die Devise. Dieser Zwang zur Einmütigkeit hat verblüffende Wirkung: gerade dadurch, daß er Kompromisse erschwert, erleichtert er sie. Ohne diese radikale Bedingung wären mit Gewißheit viele der einmütigen Beschlüsse, die für einzelne der involvierten Verbände intern nicht leicht zu vertreten waren, nie zustande gekommen.

Der Technokraten-Adel der Paritätischen / Diese strengen Mechanismen können unmöglich funktionieren, wenn sich hartleibige Ideologen kampfeslustig gegenübersitzen. Daher wird das Klima der Verhandlungen dadurch indirekt vorprogrammiert, daß es wieder ungeschriebene Selektionskriterien bei der Rekrutierung jener Leute gibt, die in der Paritätischen Kommission und ihren Ausschüssen sitzen dürfen. Diese sind »Absolventen der Sozialpartnerschule«, die es nur im Verhandlungsalltag gibt, und zudem darauf angewiesen, daß sie von der Gegenseite auch fachlich und menschlich akzeptiert werden.
Während manchmal die Politiker abschätzig auf »die Bu-

ben« in den Unterausschüssen verweisen, legen die im Innersten die gleiche Arroganz »denen da oben« entgegen. Rote und schwarze Jung-Unterhändler setzen ihren ganzen Stolz darin, selbst die Sachfragen auszudiskutieren, möglichst außer Streit zu stellen, damit die Verbandsspitze beziehungsweise die Regierung nur mehr zu einem formalen Beschlußorgan degradiert wird.

Die 30 »Jungtürken« / Wie viele dieser jungen Experten da amtieren? Es sind in der Regel zwanzig, höchstens dreißig. Einige von ihnen sitzen in etlichen Gremien, andere wiederum nur in einzelnen Ausschüssen. Die Macht dieser mitunter als »Jungtürken« bezeichneten Technokraten-Elite ist enorm und übertrifft den Machtradius vieler gewählter Volksvertreter bei weitem.
Sie können auf Expertenebene Weichen stellen, die dann Politiker vor weitgehend vollendete Tatsachen stellen. Andererseits gehört es zum intern akzeptierten Ritual, daß sich diese Fachleute einem politischen Entschluß, der vielleicht ihren Intentionen nicht entspricht, beugen. Allzu oft wird das jedoch nicht der Fall sein ...

Das Zentrum der Macht / Damit ist die Spitze der Machtpyramide noch nicht erfaßt. Denn die ganz großen Entscheidungen von oft vitaler Bedeutung für das Land fallen ganz woanders. Sie fallen nicht einmal in den einmal im Monat stattfindenden Vollversammlungen der Paritätischen Kommission, an der neben je zwei Vertretern der Großverbände (ÖGB, Bundeskammer, Arbeiterkammer, Landwirtschaftskammer) auch noch der Bundeskanzler, der Handelsminister, der Landwirtschaftsminister und der Sozialminister teilnehmen. Stimmberechtigt wären in der Vollversammlung ohnedies nur die Repräsentanten der »großen Vier« und nicht der Kanzler und seine Minister.

Das wahre Entscheidungsgremium ist die vor dieser Vollversammlung in einem informellen Rahmen stattfindende Präsidentenvorbesprechung. Hier prallen in offener Form die unterschiedlichen Positionen aufeinander, verhärten und entspannen sich. Die oft stundenlangen und manchmal auch sehr emotionell geführten Vorgespräche weisen jedoch ein vom langen gegenseitigen Kennen und persönlichen Akzeptieren geprägtes Klima auf, das es kaum sonstwo auf der Welt gibt. Da sitzen sich betagte Langzeit-Präsidenten Aug in Aug gegenüber, wo jeder die Stärken und Schwächen des anderen genau kalkulieren kann. Keiner von den großen Vier will noch mehr werden – sie haben längst den Zenit ihrer Karriere erreicht. Keiner kann durch das Austricksen des anderen den großen »Endsieg« landen – es wäre zugleich sein eigener Absturz in bisher nicht gekannte Bedeutungslosigkeit. Denn das Öl, mit dem der Motor der Paritätischen läuft, das ist die Kooperationsfähigkeit der »großen Vier«.

Auch für sie gilt die gleiche Regel wie für ihre »Jungtürken«: entweder einstimmig oder gar nichts. Das faszinierende daran: Dieser Zwang, der fast an das Konklave der Kardinäle bei der Papstwahl erinnert, bringt es mit sich, daß fast immer tragfähige und breit akzeptierte Lösungen herauskommen.

Der Marsch durch die Instanzen / Um das Phänomen der Paritätischen Kommission und ihrer ungewöhnlichen Funktionsweise voll zu erfassen, bedarf es einer näheren Beleuchtung der einzelnen Systeme und Subsysteme, die in sich geschlossen aufgebaut sind.

Neben der bereits erwähnten, einmal monatlich stattfindenden Vollversammlung und der ihr vorangehenden Präsidentenvorbesprechung gibt es noch den »Unterausschuß für Preisfragen« (heißt wirklich so), den »Unterausschuß für

Lohnfragen«, den »Beirat für Wirtschafts- und Sozialfragen« sowie die »Wirtschaftspolitische Aussprache«.

Der Preismarathon / Für die Treffen des Lohnunterausschusses müssen sich die Mitglieder im Preisunterausschuß zumindest wöchentlich zusammensetzen und zusammenstreiten. Im ersten Vierteljahrhundert seit dem Bestehen dieses Forums wurde rund 1500mal getagt, oft viele lange Stunden. Nur wenn im Preisunterausschuß keine Einigung zu erzielen ist, wird die Frage an die Vollversammlung weitergeleitet.
Welche Preise nun vom Unterausschuß bestimmt werden? Nähern wir uns dieser Frage auf gut österreichisch, fangen wir mit den Ausnahmen an. Nichts zu reden hat der Preisunterausschuß bei den amtlich geregelten Waren (Brot, Milch, Butter, Zucker, Mehl, einigen Käsesorten, Weizen etc.), bei einer Reihe von pharmazeutischen Produkten, bei Energieträgern (Strom, Gas, feste und flüssige Brennstoffe) und bei einem Teil der Wohnungsmieten. Entstanden ist diese amtliche Preisregelung in der Nachkriegszeit, als Mangel herrschte und die wichtigsten Produkte und Dienstleistungen nicht exorbitant verteuert werden sollten. So sinnvoll dies damals gewesen sein mag, heute mutet die Preisregelung für zehn Dekagramm Krakauer Wurst, für ein Stück Emmentaler Käse und ein Viertelkilo Butter anachronistisch an.
Nichts mitzuplaudern haben die Herrschaften des Preisunterausschusses bei der Preisfestigung von Tabakwaren. Denn die sind noch lustiger geregelt: Wenn eine Zigarettensorte wie etwa die »Hobby« oder »Milde Sorte« in Österreich teurer werden soll, dann hat dies der Nationalrat zu beschließen! Sogar als einmal die Schreibweise von Johnny auf Jonny geändert wurde, mußte damit das Hohe Haus befaßt werden. Wer hätte das gedacht, über welche wahr-

haft »brennenden Probleme« unsere Abgeordneten zu befinden haben!
Ausgenommen sind weiter die Tarife der meist kammermäßig organisierten freien Berufe (Ärzte, Rechtsanwälte, Notare, Wirtschaftstreuhänder, Steuerberater, Zivilingenieure, technische Büros etc.). Ferner Zeitungen und Zeitschriften (da wollen sich die Politiker nicht die Finger verbrennen) und die wichtigen Sozialversicherungstarife.
Durch die Maschen des Preisunterausschusses schlüpfen freilich auf recht findige Weise auch noch andere Positionen. Zum Beispiel alle neuen Produkte. Wer Mode präsentiert, kann vor den amtlichen Preishäschern sicher sein. Einerseits wären sie gar nicht in der Lage, die Mode zu »bewerten«, andererseits gehen die Änderungen so rasch vor sich, daß die Preisfestsetzung permanent nachhinken würde.
Ungeschoren bleibt auch ein Großteil der Importwaren: Kein Wunder, denn so gut die ungeschriebenen Gesetze der Paritätischen innerhalb des Bundesgebietes funktionieren, so bedeutungslos sind sie jenseits der Grenze.
Und schließlich verzichtet der Preisunterausschuß auch weitgehend auf die Kontrolle der Obst-, Gemüse- und Fleischpreise, weil hier das Landwirtschaftsministerium ungleich fester und direkter in Form von Import-Export-Regelungen eingreifen kann.
Nicht berücksichtigt werden meist auch die Preise »kleinerer« Dienstleistungen, in Gast- und Schankbetrieben, sowie die Handelsspannen, wenn es nicht zu extremen Erhöhungen kommt.

Figaro hier, Figaro dort . . . / Das Hauptinteresse des Preisunterausschusses gilt vor allem gängigen Markenartikeln und Standarddienstleistungen. Dabei ergeben sich oft kuriose Situationen. So wird beispielsweise der Preis für maschingeformte Semmeln mit Argusaugen überwacht, jener für handgeformte Semmeln hingegen viel lascher. So nach der Einstellung: Wer sich den Luxus leistet und die paar Groschen mehr für handgemachte Semmeln ausgibt, der ist auch finanzkräftig genug, damit er keines Schutzes durch den Preisunterausschuß bedarf.

Oder bei Friseuren: In diesem Fall ist – Figaro hier, Figaro dort – der Preis für Normalhaarschnitt streng kontrolliert und bewilligungspflichtig, jener für einen Messerhaarschnitt hingegen nicht.

Dieses System führt zwangsläufig zu Wettbewerbsverzerrungen. So entfielen in der Anfangsphase des Preisunterausschusses (Untersuchung von Bernd Marin: »Die Paritätische Kommission«, Wien 1982) im Zeitraum 1957 bis 1963 rund 80 Prozent aller Preisanträge auf Industrieprodukte. In der Zwischenzeit liegt dieser Anteil bei 90 Prozent, während im gleichen Zeitraum der Anteil der viel stärker im Preis steigenden Dienstleistungen von ursprünglich 20 auf knapp 12 Prozent abgesunken ist.

Ähnlich ist die Situation bezüglich des »Marktanteils«, den der Preisunterausschuß am gesamten Waren- und Dienstleistungsangebot *»arrogieren«* konnte. Anfangs lag der Anteil paritätisch genehmigter industrieller Erzeugerpreise bei 60 Prozent, die etwa 25 Prozent der Waren und Dienstleistungen abdeckten, die für den Preisindex herangezogen werden. Inzwischen dürfte nach letzten Schätzungen der Anteil paritätisch genehmigter Preiserhöhungen auf unter 50 Prozent bei den Erzeugerpreisen der Industrie und auf knapp 20 Prozent bei den Verbraucherpreisen gefallen sein.

Bezieht man in die Betrachtungen aber auch die staatlich und sonstigen von Verbänden genehmigten Preise mit ein, erfaßt derzeit die Paritätische Kommission etwa die Hälfte aller Preise. Zusammen mit den staatlichen und anderen Preisbestimmungen durch Kammern und Verbände sind in

Österreich derzeit etwa fünfzig Prozent der im Index-Warenkorb erfaßten Preise unter öffentlichem Einfluß.
Die Praxis des Preisunterausschusses hat mehrfache Wirkungen an den Tag gebracht, die unterschiedlich bewertet werden. So wirken die genehmigten Verkaufspreise de facto wie ein Kartell. Jene Betriebe, die kostengünstiger arbeiten, profitieren davon stärker als jene, die zu Grenzkosten herstellen. Anders formuliert: Eine Preiserhöhung, die für den einen Betrieb überlebensnotwendig war, kann für den anderen einen unverhofften Zusatzgewinn bedeuten.

Die Mondpreise / Mitunter haben die ambitionierten Mitglieder im Preisunterausschuß Preiserhöhungen zugestimmt, die auf dem freien Markt wegen der scharfen Wettbewerbssituation gar nicht durchzusetzen waren. Davon können die Verkäufer alkoholfreier Getränke in Österreich ein Lied singen, die mitunter mit ihren Verkaufspreisen bis zu 40 Prozent unter dem schon genehmigten Limit lagen.
Eine andere Ungerechtigkeit liegt in dem System dadurch, daß jenen Erzeugern genauer auf die Finger geschaut wird, die Massenkonsumartikel herstellen, während die Produzenten von technischen Spezialitäten weitgehend ungeschoren bleiben. Ein Verkäufer von Gleisstopfmaschinen kann, zumindest wegen des Preisunterausschusses, ungestört schlafen, eine Brauerei hingegen ist auf das Verständnis der Technokraten angewiesen.
In diesem Zusammenhang wird es nicht überraschen, daß es einige Branchen gibt, wo mit strengerem Maßstab, schon aus ideologischen Gründen heraus, gemessen wird als anderswo. Diese Differenzen rühren oft noch aus der Zwischenkriegszeit her, wo die »Zuckerbarone«, die »Bierbarone« zu festverankerten Feindbildern aufgebaut worden waren.

Die Basar-Methode / Neulinge in diesem System stehen wie vor einer unüberwindlichen Mauer. Sie kalkulieren, reichen den Erhöhungsprozentsatz ein, blitzen mit einem Teil ihrer Forderungen ab und sind verärgert. Die Verhandlungsprofis hingegen gehen anders vor. Die nützen die Basar-Methode, um zum vollen Erfolg zu gelangen. Die funktioniert, vereinfacht dargestellt, wie folgt: Nachdem die wirklich benötigte Preiserhöhung intern errechnet wurde, schlägt man sicherheitshalber eine kräftige Portion zusätzlich drauf. Dies löst wohl einen Sturm der Entrüstung auf Arbeitnehmer-Vertreterseite im Preisunterausschuß aus, mündet aber immerhin in einem Gefeilsche von verschiedensten Zahlen, mit denen jede Seite ihren Standpunkt zu erhärten versucht. Um diese Phase gut zu überstehen, muß man mit einer möglichst prallen Fülle internationaler und nationaler Kennzahlen präpariert sein, die man in allmählich erschöpfender Penetranz dem werten Gremium vorhält. Meist kommt es dann zu später Stunde, vielleicht auch nach einigem Vertagen und öffentlichem Kettengerassel zu einem Kompromiß. Der wird dann, wenn vorher genügend zusätzlich »draufgepackt« wurde, ziemlich dem entsprechen, was tatsächlich nötig war.

Um ganz auf Nummer Sicher zu gehen, empfiehlt sich in der Endphase der Verhandlungen eine kurze Information der Verbandsspitze, damit diese im Falle eines Eklats rettend Feuerwehr spielen kann.

Obwohl stets mit ernster Miene Zahl um Zahl auf den Verhandlungstisch gelegt wird, unterscheidet sich der Entscheidungsprozeß kaum von jenem, nach dem levantinische Wanderhändler vorzugehen pflegen.

Und weil dabei immer nur ein für jede der Verhandlungsseiten »gerade noch erträglicher Kompromiß« rauskommen kann, erleidet niemand wirklich Schaden dadurch, sieht man von den Nerven der Berufsverhandler ab.

Der »volkswirtschaftliche« Preis / Preisfrage: Was verstehen Sie unter einem »volkswirtschaftlich gerechtfertigten Preis«? Suchen Sie nicht zu lange nach einer brauchbaren Definition – es gibt sie nämlich nicht. Dennoch ist der »volkswirtschaftlich gerechtfertigte Preis« ein in der österreichischen Wirtschaftspolitik etablierter Terminus, mit dem der Handelsminister mitunter ganze Branchen ärgert. Unter diesem Vorwand nämlich kann eine amtliche Preisfestsetzung vorgenommen werden. Dann versammeln sich alle erhitzt um einen Verhandlungstisch und feilschen drollig um einen Preis, den keiner der Verhandelnden näher bezeichnen kann. Was rauskommt ist immer das gleiche: Ein »politischer« Preis, der dem Handelsminister tragbar erscheint.

Die Rute im Fenster / Eine der faszinierendsten Facetten der Paritätischen ist, daß sie so gut wie keine Sanktionsmöglichkeiten gegen jene hat, die sich nicht an diese üblichen Spielregeln halten. Es gibt wohl im Rahmen des Preisgesetzes mit dem Paragraphen 3a eine »Rute im Fenster«. Dieser Paragraph sieht vor, daß der Handelsminister die Festsetzung eines »volkswirtschaftlich gerechtfertigten Preises« für ein halbes Jahr vornehmen kann, wenn alle vier Interessenverbände übereinstimmend diese von einer Firma vorgenommene Preiserhöhung *nicht* billigen. Ehe es dazu kommt, setzt meist ein massiver Druck innerhalb der Organisation ein: Die Firma wird von ihrer Interessenvertretung intensiv bedrängt, selbst die entsprechende Maßnahme, in diesem Fall eine Verbilligung, vorzunehmen. Diese interne Daumenschraube ist erstaunlich erfolgreich.

Es kann sich kaum ein Unternehmen in Österreich leisten, mit seiner Interessenvertretung, deren Zwangsmitglied es automatisch ist, auf Dauer auf Kriegsfuß zu leben. Wenn auch nicht sofort, irgendwann einmal braucht jede Firma etwas von »ihrer« Kammer. Einmal geht es um die Befürwortung eines Kreditantrages, dann wiederum um wichtige Exportbestätigungen – spätestens bei der nächsten Lohnrunde ist der »Ausreißer im System« zur Bestrafung fällig.

Der vorhin erwähnte Paragraph wurde in Jahr 1976 in eine noch härtere Fassung – diesmal unter der Bezeichnung § 4 – gebracht. Dies ermöglicht es dem Handelsminister, selbständig eine befristete Höchstpreisfestsetzung amtlich zu verfügen.

Unsichtbare Waffen / Sünder wider den Geist der Paritätischen müssen aber nicht nur die amtliche Preisregelung fürchten; es existieren darüber hinaus eine Reihe von zusätzlichen, unsichtbaren Sanktionsketten, deren Konsequenz Uneingeweihte überraschen wird. Das fängt mit einer Polemik in aller Öffentlichkeit und in vielen Medien an, die gegen das betreffende Unternehmen gerichtet ist. Das pflanzt sich in Schwierigkeiten fort, wenn diese Firma sich etwa um öffentliche Aufträge bemüht, und das wird spürbar, wenn irgendeine wichtige Behördenbewilligung oder gar Förderungsgeld fällig wird. Listig und variantenreich verstehen es hier die verlängerten Arme der Sozialpartnerschaft, jene in die Knie zu zwingen, die stärker sein wollten als die stärkste Machtachse in diesem Land. Der unternehmerische Muskelprotz, der die Paritätische aus den Angeln wirft, muß erst erfunden werden. Selbst so starke Weltkonzerne wie Coca-Cola oder IBM wissen längst, wohin die Wege in der österreichischen Wirtschaftslandschaft führen: An der Sozialpartnerschaft kommt keiner auf die Dauer vorbei.

Die gemütlichen Lohnrunden / So hektisch und zeitaufwendig es im Preisunterausschuß zugeht – jährlich müssen rund 400 Preisanträge behandelt werden –, um soviel gemütlicher geht es im Lohnunterausschuß zu. Dieser tagt erstens nur alle zwei Wochen (wenn nötig) und hat, zum Unterschied vom »Preisbruder«, nicht alles bis zum Beschluß auszuhandeln, sondern beschränkt sich darauf, für bestimmte Branchen die Lohnverhandlungen freizugeben. Damit wird nur der Deckel vom Kochtopf genommen – die echten Verhandlungen beginnen dann erst branchenweise.

In Zeiten guter Konjunktur hatten die Lohnverhandler mächtig mit einer großen Konkurrenz zu kämpfen: mit den, zusätzlich zu den ausgehandelten Kollektivvertragserhöhungen, innerbetrieblich gewährten Lohnerhöhungen. Dies minderte ihre Bedeutung, aber auch nicht mehr.

Parallel zu den Preisverhandlungen übt der Lohnunterausschuß auch eine kartellähnliche Funktion aus. Die jeweiligen Abschlüsse sind nach den Grenzbetrieben bemessen, während gesunde Unternehmen davon profitieren.

Das Ritual, mit dem hier operiert wird, unterscheidet sich von den Preisverhandlungen nicht unbedeutend. Wenn es um die Löhne geht, steht das »Verhandlungsklima« gern im Mittelpunkt. Daher starten beide Seiten gern mit einer Auflistung, was die andere Seite alles getan hat, was zur Klimaverschlechterung beigetragen habe. Daher könne, sagen beide Seiten übereinstimmend, einfach nicht soviel »drin« sein, als sich die andere Seite vorstelle. Gewürzt wird das Ganze durch möglichst abrupte Verhandlungsunterbrechungen, wo es nicht selten vorkommt, daß bei einer Schale Kaffee die beiden Verhandlungsleiter jenen Rahmen abstekken, den sie anschließend theatralisch »ausverhandeln.« Denn allzu schnell dürfen Lohnverhandlungen nicht über die Bühne gehen, selbst dann nicht, wenn man sich im

Grunde einig ist. Das geht schon allein der Optik wegen nicht.
Ist das Fernsehen in den Verhandlungspausen dabei, lohnt sich eine Andeutung in Richtung Kampfmaßnahmen (es muß ja nicht gleich ein Streik sein, aber ausschließen können wir nichts), um die Verbissenheit zu unterstreichen, mit der verhandelt wird. Wenn dann die Delegationsleiter nach sechs oder achtstündiger Verhandlung mit erschöpfter Miene vor die Journalisten treten, ähneln ihre Aussagen jenen von Fußballspielern unmittelbar nach Spielschluß: »Es war ungeheuer schwer. Wir haben versucht, das Beste herauszuholen. Wir glauben, daß das Resultat in Ordnung ist, wenngleich wir wieder einmal benachteiligt wurden.«

Wertvoller Zeitgewinn / Mögen andere über diese Preis- und Lohnspiele lächeln, du glückliches Österreich verhandle weiter so. Denn einer der entscheidenden Pluspunkte liegt in dem Zeitverzögerungseffekt. Wann immer hektische Bewegung in eine Branche kommt – etwa durch eine Rohstoffverteuerung –, die Paritätische Kommission wirkt allein durch ihr vorgegebenes Verhandlungsritual als Stabilisator. Sie wird erst einen Beschluß zustande bringen, wenn die ärgste Aufregung schon wieder vorbei ist. Was zweifelsfrei auch zu einer besseren Beurteilung der Lage verhilft.
Mit dieser wirtschaftlichen Voyeur-Masche ist Österreich jahrzehntelang gut gefahren: Zuerst einmal haben wir beobachtet, welche Auswirkungen das im Ausland hat, wie die anderen darauf reagieren, und erst dann wurde bei uns entschieden. Damit könnte man zwar nicht als Supernation Weltpolitik machen, aber für einen Kleinstaat ist das ein sehr brauchbares Rezept, um besser über die Runden zu kommen als andere, die ihre Fehler eben schon gemacht haben.
So ist es Österreich, obwohl stark importabhängig, gelun-

gen, die Preisfolgen des Ölschocks 1973/74 besser zu überstehen als viele wirtschaftlich stärkere Nationen. Auch das Wachstumstempo in Österreich blieb, nicht zuletzt durch den Konsens in wichtigen Wirtschaftsfragen, höher als anderswo.

Der unbequeme Beirat / Eine besondere Position im Sozialpartnergefüge nimmt der Beirat für Wirtschafts- und Sozialfragen ein. Er ist ein aus den Fachleuten der einzelnen Verbände beschicktes Gremium, das Gutachten zu besonders wichtigen, wirtschaftspolitischen Fragen ausarbeiten soll. Es ist somit das gebündelte Technokraten-Know-how der Verbände, repräsentiert durch die »Jungtürken«.

Der Beirat hat keinerlei Möglichkeiten, die von ihm vorgeschlagenen Lösungen auch durchzudrücken. Diese Schwäche ist aber zugleich seine Stärke: Hier können die Technokraten sich jene kritischen Einschätzungen von der Seele schreiben, die sie bei ihrer Arbeit im Preisunterausschuß oder bei den Lohnverhandlungen erleben. Traditionell ist den Mitgliedern dieses Beirates hohe fachliche Anerkennung zu zollen: Die »Jungtürken« haben es weitgehend vermieden, in den unmittelbaren parteipolitischen Strudel hineingerissen zu werden und »Gefälligkeitsgutachten« herstellen zu müssen. Sie haben sich lieber an die starke Brust der Verbände und deren Freiheitsraum gelegt und immer wieder kritische Perspektiven eröffnende Studien vorgelegt.

Der Freiheitsdrang dieser Funktionärs-Elite war sogar so groß, daß sich die Regierung Kreisky zunehmend genötigt sah, die nicht immer bequemen Stellungnahmen möglichst unauffällig zu schubladieren.

Das förderte zwar nicht die Befriedigung der Eitelkeit der einzelnen Beiratsmitglieder, war aber im Grunde ein Zeichen für besonders gute Arbeit. Da den Expertisen sachlich nicht beizukommen war, mußte man versuchen, sie totzuschweigen.

Die Integrationskraft der Paritätischen / Bei allen kritischen Ansätzen, die gegen die Paritätische und die Sozialpartnerschaft überhaupt vorgebracht werden, bleibt doch das Faktum, daß es dabei um ein ganz entscheidendes Zentrum der Macht in Österreich geht. Hier wird im gesetzesfreien Raum wirksamer regiert als vom Parlament aus. Keine Regierung, wie immer sie aussehen mag, kann diesen Faktor ausschalten. Dazu sind die Netze der Macht zu vielfältig ausgelegt, die gegenseitigen Abhängigkeiten zu eng, die Gefahr eines Risses für alle Beteiligten zu groß. Wer sie zerstört, gehört selbst zu den Verlierern.
Die »großen Vier« spielen als Langzeit-Präsidenten eine Art japanischen Weisenrat, gekoppelt mit beträchtlicher Entscheidungsbefugnis. Sie regieren Österreich auf eine stille, aber höchst wirksame Art.

Der Staat im Staat / Die Sozialversicherungen in Österreich heißen nur so. Nur wenigen ist klar, daß es sich dabei nicht um eine »Versicherung« im klassischen Sinn handelt. Bei der Sozialversicherung werden die Beiträge nicht gesammelt, veranlagt und später an die Einzahler ausgeschüttet, wie dies etwa eine Lebensversicherung tut, sondern mit den ständig einlangenden Beiträgen die letzten Löcher gestopft. »Sozialversicherungsbeiträge« sind demnach nichts anderes als eine Art von Sozialsteuer.
Daß die Finanzierung dieses ausgebauten Sozialgefüges von Jahr zu Jahr schwieriger wird, ist kein Geheimnis geblieben. Einmal werden mit den Beiträgen der Angestellten die Abgänge bei der Arbeiterversicherung abgedeckt, später ist es wieder umgekehrt. Nach der fröhlichen Devise, daß das Geld schließlich kein Mascherl habe.

Trotz ernster Finanzierungsengpässe und international besehen überdurchschnittlich hoher Beiträge der »Versicherten« rührt keiner der Spitzenpolitiker an dem System. Und das hat es in sich.

Denn diese Sozialgiganten, die mit vielen, vielen Milliarden pro Jahr jonglieren, sind ein Staat im Staate. Sie haben sich die schützende Organisationsform einer »Selbstverwaltung« gegeben. Sinngemäß bedeutet dies, daß damit die Durchführung des Versicherungsschutzes den Versicherten selbst beziehungsweise deren Vertretern überlassen wird.

Tatsächlich aber normieren die Gesetze ganz genau, welche Ansprüche die »Versicherten« haben. Für die Leiter der Sozialversicherungsanstalt bietet diese Form aber den großartigen Vorteil, daß sie selbst darüber entscheiden, wie großzügig sie wieder einmal zu sich selbst sein wollen.

Zunächst einmal ein Blick auf das System selbst. Die drei klassischen Versicherungszweige – Kranken-, Unfall- und Pensionsversicherung – werden im kleinen Land Österreich von dreißig (!) Anstalten betreut, deren Kompetenzen unterschiedlich abgegrenzt sind. Diese hohe Zahl von eigenständigen Anstalten ist um so unverständlicher, als es sich ausschließlich um Pflichtversicherungen handelt.

In einer Durchleuchtung, welche von »Berichte und Informationen« erstmals veröffentlicht wurde, führte dies zu folgenden Situationen: Während die Sozialversicherungsanstalt der Bauern für selbständige Landwirte alle drei Versicherungszweige abdeckt, muß beispielsweise die Versicherungsanstalt der österreichischen Eisenbahnen, welche grundsätzlich auch die drei genannten Versicherungen führt, auf die Pensionsversicherung der privatangestellten Eisenbahnbediensteten verzichten. Der Versicherungsanstalt des österreichischen Bergbaues obliegt hingegen ebenso wie der Sozialversicherungsanstalt der gewerblichen Wirtschaft bloß die Kranken- und Pensionsversicherung.

Während wiederum die Versicherungsanstalt des österreichischen Nationalrates – auch das gibt es! – lediglich die Pensionsversicherung wahrzunehmen hat. Darüber hinaus bestehen noch zehn Betriebskrankenkassen, deren Aktionsradius sich auf Einzelbetriebe beschränkt. Um nur einige Beispiele anzuführen.
Warum dieses Wirrwarr von »Sozialversicherungsanstalten« dennoch beibehalten wird? Weil es längst in der Hand der Parteien ist und außerdem ein schönes Zusatzeinkommen, steuerfrei natürlich, für viele Politiker und deren Freunde darstellt. »Berichte und Informationen« stellte dazu fest: »Praktisch alle Spitzenpositionen sind eindeutig den beiden Großparteien zugeordnet.« Der politische Einfluß erstreckt sich aber auch auf die zweite und dritte Ebene.

Die lukrativen Ehrenämter / Offiziell wird die Selbstverwaltung in der Sozialversicherung als unbezahltes Ehrenamt ausgeübt. Das klingt gut, stimmt aber nicht. Denn die Obmänner der großen Sozialversicherungsanstalten kassieren fast ausnahmslos mehr als 35 000 Schilling pro Monat als »Aufwandsentschädigung«. Einige Funktionäre, wie etwa früher die Minister Sekanina und Dallinger, brachten es sogar zuwege, zwei derartige »Ehrenämter« nebenbei auszufüllen. Was ein freundliches »Körberlgeld« von bis zu 53 000 Schilling pro Monat ausgemacht hat.
Eine Darstellung der höchstdotierten Posten in der Sozialversicherung ergibt, daß es sich um 176 »Spitzenkräfte« handelt. Bei einer Gesamtzahl von 16 000 Verwaltungsangestellten.
Legt man dieses Verhältnis als Maßstab an, dann müßten im Bundesbereich statt der derzeit rund 80 Sektionschefposten fast 2360 vorhanden sein! Sogar die Österreichischen Bundesbahnen, bei denen der Rechnungshof den überpropor-

tionalen Anteil an bestbezahlten Beamten kritisiert, müßten nicht 169 Spitzenleute im Sektionschefschema haben, sondern 772.
Selbstverwaltung hin, Selbstverwaltung her – für die Drahtzieher im Hintergrund läßt sich damit zielstrebig agieren. Es ist nicht ein kleines Match, das da gespielt wird, sondern ein »big deal«, der sich, vor den Augen der Öffentlichkeit verborgen, abspielt.
Diese Anstalten sind die Neureichen der Nation – zumindest was ihren großzügigen Umgang mit den kassierten Beiträgen anbelangt. Sie gehören sicher zu den baufreudigsten Branchen des Landes – in den 70er Jahren wurden mehr als zehn Milliarden Schilling für verschiedenste Bauten ausgegeben. Wer kann das noch in diesem Land? Einen dieser Neubauten sollten wir uns, quasi als Modell, näher anschauen.

Papierkörbe um 1100 Schilling / Als im Jahr 1970 der Neubau der Allgemeinen Unfallversicherungsanstalt geplant wurde, lag die Kostenschätzung bei 100 Millionen Schilling. Ein Jahr später wurde dann der gesamte Auftrag an einen Generalunternehmer (Neue Reformbau, wo Bundeskammer-Präsident Sallinger Aufsichtsratspräsident ist) und an den der sozialistischen Reichshälfte zugezählten Architekten Hlaweniczka vergeben. Ohne Ausschreibung natürlich. Begründung: »Wegen einer Grundstücksoption mußte die Anstalt diesen Generalunternehmer einsetzen.« So ist das eben mit den Grundstücken, die Sozialversicherungsanstalten kaufen wollen ...
Der Rechnungshof vermerkte erstaunt über die Anfänge des Baubeschlusses: »Über die Kosten des Bauwerkes herrschten nämlich nur völlig unbestimmte Vorstellungen.«
Diese wurden mit Fortschreiten des Projektes und vor allem des luxuriösen Baues immer deutlicher. Im Februar 1972

wurden im Protokoll des Verwaltungsausschusses, also zehn Monate nach Vertragsabschluß, schon 379 Millionen Schilling genannt. Jeder Häuslbauer wäre hoffnungslos pleite, wenn er in so kurzer Zeit den ersten Voranschlag gleich mehrfach überschreitet.

Bei der Abwicklung des Gigantprojektes ging es so zu, wie es sich Baufirmen normalerweise nicht einmal in Fieberträumen vorzustellen wagen: Die Bauunternehmung legte erst *nach* erfolgtem Baubeginn ihre Angebote samt den Preisen vor. Die Unfallversicherungsanstalt fand es dann nicht einmal mehr der Mühe wert, der Baufirma mitzuteilen, daß sie diese Preise akzeptiert, so selbstverständlich fand sie alles.

Bis zu schlechter Letzt die Schlußabrechnung vorlag. Aus den 1970 geschätzten hundert Millionen ist eine Endsumme von 980 Millionen geworden. Und obwohl die Planungs- und Konsulentenleistungen mit 10,4 Prozent der Herstellungskosten gewiß nicht kleinlich dotiert waren, gönnte man dem Architekten eine zusätzliche Erhöhung um 4,5 Millionen Schilling, weil auch ein höheres Statikerhonorar als geplant angefallen sei. Der Architekt seinerseits hatte die Kostenübernahme mit dem griffigen Hinweis abgelehnt, daß sein Planungshonorar nicht ausreiche, diese Mehrkosten zu tragen.

Pro Quadratmeter des schönen Gebäudes ist man schließlich bei einem Betrag von 87 000 Schilling gelandet. Wer sich um diese Zeit die aufwendigste Villa gebaut hat, hatte Mühe, um auf mehr als 25 000 Schilling bei einer Super-Ausstattung zu kommen. Die 87 000 Schilling pro Quadratmeter Unfallversicherung können nicht damit restlos aufgeklärt werden, daß in diesem Betrag auch Laboreinrichtungen und ähnliches enthalten seien.

Denn wie's da drinnen aussieht, geht jeden was an. Die Prüfer des Rechnungshofes trauten ihren Augen nicht, als sie zu forschen begannen. Munter sind beispielsweise Papierkörbe aus Metall angeschafft worden, stolze 1100 Schilling (ohne Mehrwertsteuer) kostete das Stück. Machte bei 670 Stück fast eine Dreiviertelmillion Schilling aus. Bissiger Kommentar der Prüfer: »Nach Ansicht des Rechnungshofes hat die Anstalt auch im Fall der Beseitigung der Papierabfälle ihrer Verwaltungstätigkeit nicht sparsam gehandelt.«

Die Papierkörbe waren aber nicht die einzige kleine Freude, die sich die Herren der Unfallversicherung gönnten. Aschenbecher kosteten beachtliche 500 Schilling (das Stück), die Ausstattung der Direktionsräume kam insgesamt auf 9,9 Millionen Schilling. Alle Aufträge waren, wie könnte es anders sein, selbstverständlich ohne lästige Ausschreibungen vergeben worden.

Ursprünglich mit 22,6 Millionen Schilling veranschlagt, passierte der Unfallversicherungsanstalt bei ihrer eigenen Einrichtung ein kleiner Finanz-Unfall, und sie landete schließlich bei einer Schlußrechnungssumme von 35 849 000 Schilling.

Im Büro des Obmannes wurden neben einem Farbfernsehgerät auch ein Videorecorder und eine Hifi-Anlage installiert. Während sich leitende Angestellte mit Schreibtischen um 14 000 Schilling »begnügen« mußten, wählten der Obmann und seine Stellvertreter Modelle um 38 000 bis 46 000 Schilling. Und die Besuchersitzgruppen kamen, pro Einheit, auf den stolzen Wert von 170 000 Schilling.

Und als es um die Ausgestaltung des »Clubraumes« – auch so etwas hat eine Unfallversicherungsanstalt – ging, waren die Einkäufer schier nicht mehr zu bremsen: Sie entschieden sich für eine Büffelledergarnitur, die die Kleinigkeit von 288 000 Schilling gekostet hat.

Damit schließlich alles ein wenig einfacher wird, war der für den Einkauf verantwortliche Direktor gleichzeitig Auf-

sichtsratsvorsitzender einer Wäschereigesellschaft. Diese wiederum durfte sich über Aufträge freuen, wo sie als einziger Bieter – welcher Zufall – aufgetreten war.
Abgerundet wurde die Unfallversicherungsanstalt mit der weitblickenden Entscheidung, sicherheitshalber gleich vier Gästeappartements mit je 54 Quadratmetern und luxuriöser Einrichtung (Farb-TV etc.) vorzusehen. Wie der Rechnungshof ermittelte, lag die spätere Auslastung dieser »Gästeappartements« bei weniger als zehn Prozent.

Teurerer Dienstwagen als für den Bundespräsidenten / Vor allem der vorige Vorstand der Unfallversicherung scheute keine Kosten, wenn sie die anderen, sprich Beitragszahler, abzudecken hatten. Der Aufwand für Dienstreisen stieg in, zurückhaltend formuliert, schwer verständliche Höhen. Der Obmann samt Stellvertreter mit den Stellvertretern der Stellvertreter flogen heiter nach Manila und besichtigten interessiert Rehabilitationseinrichtungen in Thailand und Hongkong. Eine andere Delegation, wo der Obmann natürlich wieder mit von der Partie war, sammelte in Caracas neue Eindrücke. Auf die Vorhalte des Rechnungshofes wegen dieser Reise ließ der Obmann findig antworten: Er habe diese Konferenz als »Präsident der österreichischen Staub- und Silikosebekämpfungsstelle« besucht. Wissen Sie jetzt, wozu diese vielen Institutionen in Österreich doch gut sind?
Im Lande selbst bevorzugen die Herren der Unfallversicherung ganz besondere Karossen. Dienstwagen knapp unter einer halben Million Schilling Anschaffungskosten schienen gerade noch gut genug zu sein. Natürlich standen die Fahrzeuge auch für Privatfahrten zur Verfügung. Der Vollständigkeit halber wurden in alle diese Dienstwagen auch noch Autotelefonanlagen eingebaut.
Im Zeitraum Jänner bis Oktober 1978 schafften die Unfall-

Bosse einen einsamen Rekord: Die Betriebskosten für ihre neuen Dienstwagen beliefen sich in dieser Zeitspanne auf – 308 000 Schilling!

Und als einer der Wagen einen Totalschaden erlitt, wurde ein »Ersatzfahrzeug« angeschafft. Dieses neue Dienstauto war dann noch teurer als das Fahrzeug des Bundespräsidenten.

Wie sozial schließlich diese Anstalt intern war, förderten die großzügigen frühzeitigen Pensionierungen zutage, die in Einzelfällen »Belohnungen« fürs Fortgehen in der Größenordnung von 1,3 Millionen Schilling enthielten.

Wie überhaupt gerne belohnt wurde. Außerordentliche Zuwendungen in der Höhe von zwei Monatsbezügen wurden zwar nicht Mitarbeitern gewährt, die sparen geholfen hätten, sondern sie wurden beispielsweise für »aus Anlaß der Gleichenfeier erbrachte außerordentliche Leistungen« ausgeschüttet. Der Rechnungshof hielt mokiert fest, daß in mindestens acht Fällen die Unfallversicherungsanstalt nicht nur auf eine ausreichende Begründung verzichtet hätte, sondern sich mit der schlichten Feststellung begnügte, »die Ausgezeichneten hätten besondere Leistungen erbracht«.

Eine besondere Leistung indes ist es zweifellos, den Finanzgiganten Sozialversicherung am Gängelband der Parteien und ihrer Spitzenmandatare als »Selbstverwaltung« durch die Klippen der Tagespolitik zu manövrieren. Aber bis sich da einmal was ändert, können die Verantwortlichen noch großzügig disponieren. Und die Sache aus ihrer Dienstwohnung interessiert mitverfolgen. Oder aus zwei Dienstwohnungen, wie sie ein Obmann besaß: eine in der Größe von 211 Quadratmetern zu einem Mietzins von sage und schreibe 520 Schilling und eine zweite »Kleinwohnung« in einem Ausmaß von 123 Quadratmetern – zu einem Mietzins von 115 Schilling.

Da sage noch einer, dieses Selbstverwaltungssystem der »Sozialversicherung« habe nichts für sich!

Das Fledermaus-Prinzip / Kaum ein Bürger in einem anderen westlichen Land wird so heftig »regiert« wie der Österreicher. Da ist einmal die fest etablierte Parteibuchwirtschaft, die seinen persönlichen Aktionsradius einengt. Von der Geburt über die Wohnungssuche bis hin zur beruflichen Laufbahn begleitet ihn der Druck, es sich mit einem Parteibuch – mit dem »richtigen natürlich« – leichter zu machen.
Ist er Arbeitnehmer, wird er automatisch Zwangsmitglied bei der Arbeiterkammer und nicht selten freiwillig oder halb-freiwillig Gewerkschaftsmitglied. Damit ist er einmal schon im Spinnennetz der Macht verheddert und kann warten, wie über ihn entschieden wird. Zum Beispiel bei der nächsten Lohnrunde, die Funktionäre für ihn aushandeln. Oder bei der nächsten Vorrückung, für die er die Unterstützung seiner Partei braucht.
Wird er Unternehmer, so wird er automatisch Zwangsmitglied bei der Handelskammer. Auch hier hängt er sicher und fest im Sozialpartner-Netz. Und wenn er in seiner Firma die Preise erhöhen will, muß er einen Bittgang zum Preisunterausschuß antreten.
Wahrscheinlich würde in vielen Ländern eine derartige Vernetzung der Macht und ein Konzentrieren des Einflusses auf so wenig Spitzenpolitiker zu scharfen politischen Auseinandersetzungen führen. Die Österreicher hingegen haben einen eigenen Weg gefunden, um mit diesem Zustand zu leben. Sie handeln nach dem Fledermaus-Prinzip, das da lautet: »Glücklich ist, wer vergißt, was doch nicht zu ändern ist.«
Wozu sich über die Kammer aufregen, wenn man sie doch wieder in ein paar Monaten braucht? Warum über die

Gewerkschaft jammern, wenn sie doch am stärkeren Hebel sitzt?

Diese Haltung zieht sich tief hinein bis in elementare Existenzfragen des Staates. Das explodierende Budgetdefizit in Österreich regte beispielsweise kaum jemand auf, abgesehen von einigen wirtschaftlichen und politischen Insidern. Selbst als der Beirat für Wirtschafts- und Sozialfragen eine Horrorprognose abgab, was den Österreichern bis 1986 alles droht (nämlich ein Defizit von weit über hundert Milliarden Schilling), griff der typische Österreicher zum Viertel Wein und freute sich lieber an seinem »kleinen Glück«, als sich über die große Politik zu ärgern. Diese Überlebensphilosophie des Lieben Augustin, der auch in der ärgsten Pestzeit noch seinen Spaß fand, ist für viele unbewußt zur Richtschnur geworden. Solange am Sonntag der Schweinsbraten oder das Schnitzel gesichert ist, das geputzte Auto vor der Tür steht, die Mieten künstlich niedrig gehalten werden, der nächste Urlaub (wenn auch auf Kredit) gesichert ist und die Kinder »was Besseres« werden können, lohnt es nicht, sich darüber aufzuregen.

Denn: Was kann schon der einzelne dagegen unternehmen, daß etwa zwei Drittel des neuen Budgetdefizits allmählich dafür draufgehen, um alte Schulden zurückzuzahlen? Vom mündigen Bürger ist doch ohnedies bestenfalls in Wahlprogrammen und bei Sonntagsansprachen die Rede.

Die meisten Österreicher haben gar nichts dagegen, regiert zu werden. Und wenn es schon keinen echten Kaiser mehr gibt, dann finden sie schon einen Ersatzkaiser, sei es als Bundeskanzler oder als Gewerkschaftspräsident. Das Fledermaus-Prinzip ist sicher nicht die Verkörperung eines demokratischen Mitbestimmungsideals, aber es ist dafür eine sehr komfortable Möglichkeit, große Probleme zu verdrängen und dafür das kleine Glück zu zelebrieren.

Die Milliarden-Schätze der Fonds / Wie auf unauffällige Weise in Österreich regiert und Macht ausgeübt wird, könnten Politiker anderer Staaten an Hand der in Österreich sehr beliebten »Fonds« studieren. Diese Fonds eignen sich vorzüglich für eine möglichst unauffällige Einhebung von gewaltigen Finanzmitteln – auf den einzelnen entfallen niemals große Beträge, dafür werden sie von vielen und das regelmäßig eingehoben –, und ferner schaffen sie unausgesprochene Abhängigkeiten. Die Verfügungsgewalt über diese Fonds ruht üblicherweise in der Hand einiger weniger Funktionäre, Beamten oder Politiker, die sich ihrerseits wieder in die schützende oder dirigierende Hand einer der »Top five« in der österreichischen Politik eingebettet wissen.
Antragsteller haben zunächst einmal einen Bittgang anzutreten. Das stellt gleich einmal klar, wer zu geben hat und wer aufs Nehmen angewiesen ist. Diese Situation kann anschließend um einige Grade verdeutlicht werden, wenn ein Prüfungsverfahren beliebiger Art begonnen wird. Unter dem Vorwand formaler Erfordernisse wird dies und das beleuchtet, diskutiert und schließlich so entschieden, wie es bei wichtigen Fällen ohnedies politisch längst abgesegnet wurde.
Ein zusätzlicher und nicht zu unterschätzender Vorteil dieser Fonds ist der Umstand, daß beim politischen Desinteresse der Österreicher schließlich kaum mehr einer weiß, woher das Geld stammt und wofür es ursprünglich gedacht war.

Der Arbeitslosen-Fonds / Naive Betrachter müßten meinen, daß der Arbeitslosen-Fonds dazu dasein müßte, um mit diesen Geldern die Arbeitslosen zu unterstützen. Er hätte die Rechnung jedoch ohne den politischen Wirt gemacht.
Doch alles schön der Reihe nach. Die Beiträge, die diesen

Fonds füttern, stammen je zur Hälfte von den Firmen und den bei ihnen beschäftigten Dienstnehmern. Verteilt wird das Geld freilich mit politischer Hand durch das Sozialministerium.
Wie sich das auswirkt, illustriert die nachstehende Tabelle:

9) Wie der Arbeitslosen-Fonds geleert wurde

Arbeitslose: Der Andrang steigt	Fonds: Vor der Krise geleert
1972: 49 135	1972: 1,5 Mrd. S
1973: 41 327	1973: 1,8 Mrd. S
1974: 41 306	1974: 1,8 Mrd. S
1975: 55 464	1975: 1,6 Mrd. S
1976: 55 257	1976: 1,3 Mrd. S
1977: 51 165	1977: 1,5 Mrd. S
1978: 58 570	1978: 1,2 Mrd. S
1979: 56 719	1979: 0,5 Mrd. S
1980: 53 161	1980: 0,6 Mrd. S
1981: 69 295	1981: 0,1 Mrd. S
1982: 105 346	1982: 0,0 Mrd. S

Quelle: Wirtschaftsmagazin der *Kronen-Zeitung*

Auf das Wesentliche komprimiert, sagt sie nicht mehr und nicht weniger aus, als daß dieser »Arbeitslosenversicherungstopf« im Jahr 1973/74 seinen Höchststand mit 1,8 Milliarden Schilling erreichte. Das ist verständlich, denn damals war von Arbeitslosigkeit in Österreich weit und breit keine Spur. Viel weniger verständlich sind die Folgejahre: Schon 1981, einem immer noch recht passablen Konjunkturjahr, waren nur mehr schmale 100 Millionen Schilling in dem vor kurzen noch so prall gefüllten Fonds. Und als der erste Hauch von Arbeitslosigkeit tatsächlich Österreich im Jahr 1982 erreichte, war der gute Fonds ratzeputz leer.
Die Verantwortlichen an den Hebeln der Geldmacht hatten die Beträge längst für »arbeitsplatzfördernde Maßnahmen« ausgegeben, die ihnen politisch wichtiger waren als der ursprüngliche Zweck des Fonds.

Der Familienlastenausgleichsfonds / Die nächste neckische Variante von Fonds trägt den »kurzen« Titel »Familienlastenausgleichsfonds.« Hinter diesem Wortungetüm verbirgt sich ein von den meisten unterschätzter politischer Schachzug. Es wird Geld einkassiert, dann aber mit dem freundlichen Regierungsmascherl als soziale Großtat wieder an die Bevölkerung verteilt.

1983 liegen die geplanten Einnahmen dieses Fonds bei 34,7 Milliarden Schilling. Gespeist wird diese ergiebige Quelle aus Dienstgeberbeiträgen, die jeweils 4,5 Prozent der Lohnsumme ausmachen. Die hat den nicht zu unterschätzenden Vorteil, daß es praktisch keine Grenze nach oben gibt. Die Firmen spenden also brav viele Milliarden, die dann von der Regierung den Dienstnehmern »geschenkt« werden. Das macht rund zwei Drittel der gesamten Fondsfinanzierung aus. Dazu kommen dann noch, selbstverständlicherweise nicht valorisierte, Überweisungen aus dem Lohnsteueraufkommen (7,23 Milliarden), ein fixer Anteil aus der Einkommen- und Körperschaftssteuer (2,5 Milliarden, seit 1978 unverändert) und ein »Zuschuß« aus dem Reservefonds von 3,87 Milliarden Schilling.

Dieser Reservefonds, der eine eigene Rechtspersönlichkeit darstellt und vom Finanzminister verwaltet wird, verfügte Ende 1980 noch über fast zehn Milliarden Schilling, die eine »Eiserne Reserve« darstellen sollten. Jahr für Jahr wurde tiefer in diesen Geldtopf gelangt. Mit der Folge, daß Ende 1983 die Kasse ziemlich leer sein wird.

Es wurde jedoch nicht, was verständlich wäre, so hurtig in den Fonds gegriffen, um die Familienbeihilfen zahlen zu können. Nein, nein. Mit der Spendierfreudigkeit eines großen Gönners wurde alles mögliche, jedenfalls wahlwirksame, daraus gespeist. Viele der scheinbaren Geschenke, mit denen in der »Geschenkerepublik Österreich« die Bürger beglückt wurden, stammen aus diesen Dienstgeberbeiträgen. Die detaillierte Verwendung wird an späterer Stelle dargestellt werden. Nur vorweg einige grundsätzliche Hinweise: Neben der Finanzierung der Bundesbahn und der Straßenbahn, bis hin zur Abdeckung der Finanzen der Pensionsversicherung war kein Umweg zu klein, um nicht doch Geld dorthin zu überweisen.

Wen wundert es, daß neben dem Familienlastenausgleichsfonds nunmehr auch dessen Reservefonds, quasi der Fonds vom Fonds, leer geworden ist?

5
DIE GESCHENKE-REPUBLIK

Im Rahmen einer hitzigen politischen Debatte rief einer der Kontrahenten erzürnt: »Das, was in Österreich tagtäglich passiert, hat man bei uns früher Kameradendiebstahl genannt: Jeder hat die Hand in der Tasche des anderen und glaubt auf diese Weise reicher zu werden, ohne zu merken, daß ihm auf der anderen Seite wieder was weggenommen wird!« Der gute Mann hat so unrecht nicht. Dennoch ist es zu einem beliebten österreichischen Volkssport geworden, sich »von oben beschenken zu lassen«. Selbst dann noch, wenn es das gleiche Geld ist, das – vermindert um den Verwaltungsaufwand – in vielen Fällen spektakulär retourniert wurde.

Die Umverteilungsmaschine / Der sozialistischen Alleinregierung wurde mitunter der Vorwurf gemacht, sie hätte die Einkommens- und Vermögenspyramide zu wenig geändert. Zumindest bei einer globalen Betrachtungsweise läßt sich dieses Argument nicht aufrechterhalten. Die Regierenden haben sehr wohl seit 1970 zu beachtlichen Veränderungen gedrängt und diese auch vollzogen. Es mag schon richtig sein, daß der Abstand zwischen den niedrigen Einkommen und den Superreichen der Nation nicht verkürzt wurde – dafür aber lief die Umverteilungsmaschine zugunsten des Staates auf vollen Touren.

Nimmt man den Zeitraum 1970 bis 1981 her, so ist dabei folgendes festzustellen: In dieser Zeitspanne sind, laut Statistischem Zentralamt, die Einkommen der Selbständigen um durchschnittlich 6,9 Prozent pro Jahr gestiegen. Die Zuwachsrate der unverteilten Gewinne der Kapitalgesellschaften lag bei jährlich 8,3 Prozent. Und von da an fängt's an spannend zu werden: Die Einkommen der »Unselbständigen«, sprich der Arbeiter und Angestellten, kletterten jährlich im Schnitt um 11,6 Prozent hoch. Und die Einkommen von Vater Staat? Der langte voll zu: In diesem Zeitraum erhöhten sich die von den Steuerzahlern abverlangten Beträge um durchschnittlich 14,4 Prozent!
Wie stark diese Entwicklung Platz griff, verdeutlichen die vom Institut für Wirtschaftsforschung publizierten Werte für das Jahr 1981: Danach sanken die Einkünfte aus Besitz und Unternehmung um 0,7 Prozent, während die Löhne und Gehälter um 7,6 Prozent anwuchsen, und die Einkünfte des Staates sprangen um 25,5 Prozent in die Höhe.
Wohin das führt? Nun, in Österreich entstehen bereits mehr als ein Drittel aller Einkommen nicht mehr durch Leistung, sondern werden über die Umverteilungsmaschine einigen weggenommen und anderen ausgezahlt.

Der Pfusch blüht / Die Österreicher reagieren auf dieses Anziehen der Steuerschraube auf ihre Art. Nicht mit lauten Protesten, nicht mit Demonstrationen oder gar mit Konfrontationen: Sie wichen in die »Untergrundwirtschaft« aus, sie widmeten sich mit Elan dem Pfusch.
Frei nach dem Fledermaus-Prinzip wollten sie nicht verändern, sondern aus dem vorgegebenen System das Maximum für sich herausholen. Brutto für netto war ihr Ziel; und das ließ sich am einfachsten mit einer Tätigkeit nach Dienstschluß erreichen.
Nach fundierten Schätzungen widmen sich rund 300 000

Österreicher mehr oder weniger regelmäßig einer steuerfreien Tätigkeit nach Feierabend. Der Umsatz der Firma Pfusch & Co. wird vom Gewerbe auf solide 40 Milliarden Schilling jährlich geschätzt. Der Ausfall an Steuern macht jährlich 15 Milliarden Schilling aus.
Auch die Behörden reagierten bisher sehr österreichisch: Sie hoben den Zeigefinger, aber vermieden es, scharf durchzugreifen. Auf frischer Tat ertappte Pfuscher wurden mit durchschnittlich 1500 Schilling »bestraft« – eine Art Schutzgebühr, die für die meisten nicht weiter ins Gewicht fiel.
Laut einer repräsentativen Umfrage sieht nur jeder dritte Österreicher im Pfusch einen Betrug am Staat. Er stellt die einfachste Form des stillen Bürgerprotestes dar: Hier wird die erbrachte Leistung netto abgegolten ...

Im Nerz zum Arbeitsamt / Eine andere, zunehmend praktizierte Form des Protestes gegen die tuckernde Umverteilungsmaschine ist es, sich bei den öffentlichen Mitteln wie bei einem Selbstbedienungsladen einzudecken. Das ginge nicht? Oh, doch! In Westösterreich haben zum Beispiel viele Hoteliers und Gastronomen ihre mittätigen Ehegattinnen als Dienstnehmerin offiziell angemeldet. Das kostet zwar Steuern und Sozialabgaben, ermöglicht später aber eine nette Zusatzpension. Der Clou kommt aber erst: In den umsatzschwachen Monaten kündigt dann der Hotelier seine Frau, und diese marschiert freudig zum Arbeitsamt, um sich dort als arbeitslos zu melden. Pünktlich wird der feinen Dame das Arbeitslosengeld ausgezahlt. Ihr Mann kann sicher sein, daß seine Frau nicht in Verlegenheit kommen wird, vielleicht über das Arbeitsamt eine Stelle beim nächsten Konkurrenten zugewiesen zu erhalten: Der macht das nämlich auch. Und wenn die Hochsaison wieder anfängt, melden beide ihre Gattin wieder fröhlich als »Neuanstellungen« bei den Behörden an.

Vom Baby bis zum Großpapa / Viele kennen Österreich als Ferienparadies – dabei ist es aber nicht nur für Touristen schön: Die Österreicher kennen andere Sonnenseiten. Etwa die des »Prämienparadieses« Österreich.
Getreu nach dem altbewährten Rezept von Zuckerbrot und Peitsche wurde in Österreich seit Anfang der siebziger Jahre nicht nur der Steuerdruck verschärft, sondern auch Prämienzuckerln an möglichst viele verteilt. Mit glänzenden Augen kassierten viele freudig, was ihnen zuvor abgeknöpft worden war. Dem Klima jedenfalls hat's gutgetan: Wenn der Österreicher was geschenkt bekommt, wird er auch nicht aufmüpfig.

Die prämierte Geburt / Nur in wenigen Ländern wird der Lebensweg eines Staatsbürgers so konsequent mit Prämien und staatlichen »Geschenken« gepflastert sein wie in Österreich. Schon die Zeugung eines Kindes bringt bares Geld. Anderswo, etwa in Singapur, wird eine allzu üppig wachsende Familie von öffentlicher Hand mit Förderungsentzug direkt bestraft – in Österreich ist die Fruchtbarkeit eine vergnügliche Methode, zumindest wieder einen Teil der eingezahlten Steuerbeiträge zurückzubekommen.
Die Geburt eines Kindes wird mit neunzehntausend Schilling in bar belohnt. Was für viele die Anschaffung eines Farbfernsehers ermöglicht hat. Wie auch immer: Begründet wurde diese ungewöhnliche Maßnahme – von manchen Kommentatoren respektlos »Gebärprämie« genannt – mit verstärkten Untersuchungen von Mutter und Kind. Daher wird diese Prämie auch in drei Etappen ausbezahlt, jeweils nach erfolgter Untersuchung. Ich kenne genug Österreicherinnen, die bei diesem Lohn pro Arztbesuch sich gerne öfters, auch ohne Kind untersuchen lassen.

Schulgeschenke: Schulbücher gefällig / Wie könnte es das zarte Gemüt eines österreichischen Schulkindes ertragen, nachdem es zur Geburt schon prämiert wurde und nunmehr gratis zur Schule fährt, wenn es plötzlich mit der herben Realität konfrontiert wäre und die Schulbücher kaufen müßte? Nein, nein, da sei die Geschenkerepublik vor. Folglich werden selbstverständlich alle Schulbücher, die großen und die kleinen, die teuren und die weniger teuren, von Vater Staat bezahlt.

Darüber freuten sich nicht nur die lieben Kleinen, sondern vor allem die Buchverlage, die nicht müde wurden, Jahr für Jahr noch aufwendigere, noch buntere Bücher zum Wegschmeißen zu produzieren. Die staatliche Großzügigkeit kennt auch keine Klassengegensätze mehr. Völlig gleichgültig, ob arm oder reich, alle werden sicherheitshalber beschenkt. Schließlich werden alle ja auch einmal, wenn sie groß genug sind, zu richtigen Wählern.

Kinderreiche Millionärsfamilien hatten mitunter Platzprobleme, wenn sie Jahr für Jahr mit neuen Atlanten und anderen prächtigen Büchern beschenkt wurden. Und wenn sie der Vater regelmäßig mit dem dicken Mercedes zur Schule brachte, machte das auch nichts: Die Verkehrsbetriebe holten sich auch so das Geld vom Staat.

Damit sich außerdem bei der Schulbuchaktion auch noch andere freuen können, wurde das Ganze über den Buchhandel abgewickelt. Es wurde zu einem Milliardengeschäft. Genügten 1973 noch 751 Millionen Schilling, so wuchs der staatliche Aufwand für die Gratisschulbücher 1983 auf 1,08 Milliarden Schilling an.

Wie großzügig da in der Geschenkerepublik Österreich mit dem Geld umgegangen wird, illustrieren die entsprechenden Aufwandspositionen für den Bund: Im Jahr 1974 wurden für die Prämierung von Neugeborenen erst 700 Millionen Schilling unters Volk gebracht, im Jahr 1983 waren's dann schon satte 5,2 Milliarden Schilling. Wenn uns das andere Länder nachmachen, ist die Bevölkerungsexplosion weltweit sicher nicht mehr unter Kontrolle zu bringen...

Gratis in die Schule / Daß der Schulbesuch nichts mehr kostet, daran haben sich die Österreicher schon geraume Zeit gewöhnt. Neu in der Ära Kreisky war hingegen, daß nunmehr auch die Schülerfahrten von und zur Schule zum Nulltarif gewährt wurden. Die lieben Kleinen, bei der Geburt schon mit einigen Staats-Tausendern behängt, sollten sich rechtzeitig an die Geschenkerepublik gewöhnen.
Sie taten es sehr rasch. Noch massiver freilich erkannten andere die Gunst dieser Maßnahme: nämlich die chronisch defizitären Verkehrsbetriebe in den großen Städten. Sie erhöhten plötzlich die Gebühren für die Schülerfahrten und holten sich dann dieses Geld aus dem Steuertopf unter der irreführenden Bezeichnung »Schülerfreifahrten« wieder zurück. Mit der sozialen Etikette verbrämt fließen seither Mittel aus dem Familienlastenausgleichsfonds munter in die gähnend leeren Kassen der Straßenbahnunternehmungen und der Bundesbahn.
So findig sind unsere Machthaber: Mit »Schülerfreifahrten« defizitäre Stadtbetriebe zu subventionieren, ohne daß der einfache Bürger das merkt – das soll uns erst einmal wer nachmachen!
In nüchternen Zahlen ausgedrückt bedeutet das: 1973 kosteten uns die Schülerfreifahrten 805 Millionen Schilling, 1983 bereits 3,1 Milliarden Schilling. Im gleichen Zeitraum sind die Schülerzahlen sogar rückläufig gewesen.

Hochzeit auf Staatskosten / Solchermaßen richtig auf das Leben vorbereitet, können die Österreicher unbesorgt darangehen, sich einen eigenen Hausstand zu gründen und zu

heiraten. Denn auch das bringt bares Geld. Wenn beide Partner vorher noch nicht verehelicht waren, springen für das schnelle Ja blanke 15 000 Schilling. Ist einer bereits geschieden, dann schenkt der Staat immerhin wenigstens 7500 Schilling. Waren beide schon einmal verheiratet: dann sollten sie sich wirklich gern haben, denn dann gibt's nichts! Auch hier gibt's keine kleinliche soziale Abstufung. Selbstverständlich wird auch der Juniorchef der Firma Groß & Mächtig, der über schöne Wälder und ertragreiche Fabriken verfügt, wenn er die Alleinerbin einer Kaufhauskette zum Traualtar führt, genauso belohnt wie ein Arbeitsloser. Und lästige Untersuchung wird, zum Unterschied von der Geburtenprämie, auch keine verlangt.
Tu, felix, austria, nube! Wenn schon nicht aus Liebe, dann wenigstens aus Geldgier!
In Summe jedenfalls zahlt es sich aus: Die Republik Österreich wendete für diese Hochzeitsprämien im Jahr 1982 fast genau 600 Millionen Schilling auf. Schlecht?

Lohnende Karenz / Ist die Hochzeits- und auch die Geburtenprämie einmal eingestreift, überfällt keinen geschulten Österreicher die plötzliche Panik. Denn dann kann die vorher arbeitende Frau selbstverständlich einmal bis zu einem Jahr Karenzurlaub machen.
Diese sozial begrüßenswerte Maßnahme wurde aber so konzipiert, daß der Erfindungsreichtum der Österreicherinnen nicht einkalkuliert wurde: Genügten 1973 noch bescheidene 399 Millionen Schilling, um alle Ansprüche dieser Art zu befriedigen, mußten 1983 schon gewaltige 2,9 Milliarden Schilling dafür lockergemacht werden.

Witwerpension / Wäre die Angelegenheit nicht so makaber, könnte man sagen, daß der Geschenkregen den Österreicher bis ins hohe Alter begleitet. Wobei die Betonung auf

»den Österreicher« liegt. Daß Witwen eine entsprechende Pension bekommen ist anderswo auch üblich. In Österreich aber ist der Sozialminister trotz gähnend leerer Staats- und Sozialkassen auf die glorreiche Idee verfallen, auch Witwern eine nette Pension zukommen zu lassen. Um insgesamt fast 800 Millionen Schilling wurden solcherart alleinstehende ältere Herren staatlich getröstet.

6

DAS SÜSSE GIFT DER SUBVENTIONEN

Ein paar Hunderter da, ein paar Hunderter dort – so könne man schon einiges einsparen, meinte einmal Bundeskanzler Kreisky ernsthaft nach einer Regierungsklausur. Es sollte nicht sein letzter Anlauf zur vermehrten Sparsamkeit sein. Im Grund endeten alle gleich: Die Subventionen waren wieder höher geworden.

Jahr für Jahr wird ein derartiger Subventionsbericht veröffentlicht. Um gleich vorweg eine Einschätzung zu ermöglichen: Dieser Verschwendungsreport läßt sich nicht in zwanzig, fünfzig oder hundert Seiten fassen. Er ist üblicherweise mehr als 300 Seiten stark. Eine lange Litanei der Geschenke auf Kosten der Steuerzahler. An mögliche und unmögliche Personen. An Vereine, von deren Existenz bis zur Subventionserteilung niemand etwas wußte. Die Zeiten, wo die jährlich zugesprochenen Subventionen unter der Zehn-Milliarden-Schilling-Schallmauer lagen, sind seit Mitte der siebziger Jahre längst vorbei.

Es wäre zu billig, nur die Regierung Kreisky dafür verantwortlich zu machen. Wenn es um Subventionen geht, dann verblüffen plötzlich alle Parteien durch zuvor nie gekannte Einmütigkeit. Dies mußte auch Finanzminister Salcher zur Kenntnis nehmen. Der »Schotte aus Tirol« hatte es sich in den Kopf gesetzt, alle Subventionen von einem Jahr auf das andere linear um zehn Prozent zu kürzen. Inklusive der

Zuwendungen an die Parteien. Salcher strich und freute sich: Alles schien nach Plan zu verlaufen. Bis er plötzlich feststellen mußte, daß alle drei Parlamentsparteien hinter seinem Rücken die Kürzung der Parteiensubventionen wieder rückgängig gemacht hatten. Denn dort hört sich für unsere Politiker der Spaß auf: Sparen ist schön und gut, aber doch, wenn es schon sein muß, dann wenigstens bei den anderen!

Was die Bundestheater kosten

Die Bundestheater: Ihr Auftritt, bitte! / Österreich besitzt nach Meinung von Kulturfachleuten den größten Theaterkonzern der Welt. Neben der weltbekannten Staatsoper gehören auch das inzwischen viel weniger renommierte Burgtheater, das Akademietheater und die Volksoper zu diesem staatseigenen Moloch. Hatte Caesar noch versucht, dem Volk Brot und Spiele zu bieten, so haben Österreichs republikanische Regenten eine neue Zauberformel erfunden: Sie lassen die Spieler vom Brot des Volkes nähren. Der Unterrichtsminister und seine Kulturbeauftragten werden nicht müde, sich im Glanze und in der publicityträchtigen Nähe der Künstler zu zeigen. Für die österreichischen Steuerzahler hingegen ist das ein teures Vergnügen.

Wenn sich der Vorhang für eine Burgtheater-Vorstellung öffnet, weiß man im voraus, was das kostet: eine runde Million Schilling aus den Steuergeldern. Jeder Platz in den schönen Theatern wird allabendlich mit gut einem Tausender subventioniert. Alois Hämmerle, Bergbauer aus Zisters, darf dazu ebenso beitragen wie Karl Altrichter, Arbeitsloser aus Steyr. Sie sind nur zwei von Hunderttausenden österreichischen Steuerzahlern, die zu unfreiwilligen Mäzenen im Spiel der Mächtigen wurden.

Bühne frei für das neueste Verschwendungs-Spektakel, müßte es eigentlich heißen, wenn aufgespielt wird. Denn

nur etwas mehr als 20 Prozent der Kosten der Bundestheater sind durch die Einnahmen, den Kartenverkauf, abgedeckt. Alles andere kommt von den Steuerzahlern.
Und wie es kommt! Im Jahre 1969 genügten noch 338 Millionen Schilling, um die Verluste der Bundestheater abzudecken. Bis 1975 ist dieser Betrag dann auf 875 Millionen Schilling, von künstlerisch leichter Hand gelenkt, hochgejubelt worden. Denn wenn es um Kunst geht, da schickt es sich einfach nicht, über den schnöden Mammon zu reden. Da wird subventioniert, ohne viel zu fragen.
Es ist kein Stück mit einem befreienden Happy-End: Denn anläßlich des Subventionsdramas im Jahr 1982 waren unglaubliche 1,6 Milliarden Schilling notwendig, um die Opern- und Theaterdefizite zu stopfen. Der »Verschwender« von Ferdinand Raimund als Dauerbrenner auf den österreichischen Brettern, die den Verlust bedeuten.

Freikarten gefällig? / Weil's halt gar so schön ist, Prominenter und vermeintlich Prominenter zu sein, und weil der gelernte Österreicher gerne eine kleine Gefälligkeit – auf Kosten anderer, versteht sich – erweist, so gibt's im Defizittheater zwar die wohl höchsten Theaterkartenpreise der Welt. Aber auch nirgendwo so viele Freikarten wie bei uns.
Blenden wir uns beispielsweise in die Staatsopernpremiere der »Aida« ein. Als tosender Applaus die Künstler belohnte, klatschten 323 Besucher besonders freudig: Sie hatten den feinen Abend gratis besucht. Der später errechnete Einnahmeausfall für die Bundestheater: mehr als 138 000 Schilling.
Auch die Premiere der »Lustigen Witwe« in der Volksoper wurde ein großes Ereignis: Fast 1500 Besucher erfreuten sich an der Musik und dem Gesang. 369 davon freuten sich ein wenig mehr als andere: Sie zählten nämlich zu den mit

Gratiskarten »geadelten« Beziehungsweltmeistern, zu denen man in Österreich gehören muß, wenn man an die Gratiskarten herankommen will. Allein für die Presse konnten die Karten wohl nicht gemeint gewesen sein (so viele Kulturkritiker gibt's im ganzen Land fast nicht) – nach welchen sonstigen Kriterien wurden die Gratiskarten dann vergeben? Da kennt der Sänger X die Gräfin Y, da weiß der Musiker A, daß die Frau Nemetschke ihn sicher wieder einmal anschnorrt, wenn er ihr diesmal nicht eine Karte verschafft. Sehen Sie, und so füllen sich unsere Theater!
Manchmal wird's natürlich schon ein bisserl ganz arg. Als nämlich die »Jagdgesellschaft« im Burgtheater Premiere hatte, machten die Freikarten fast die Hälfte der Gesamtplätze und somit der Gesamteinnahmen aus ...

Als die Gagen laufen lernten / Die Schauspieler selber haben auch gelernt, mit dem System zu leben. Die Ära, wo nur einige wenige ganz tief in die Futterkrippe der Gagenbudgets greifen durften, sind endgültig vorbei. Die Spitzenleute bekommen nach wie vor ihre Spitzengagen – aber es wurden zusätzlich etliche zu weiteren Spitzenkräften »ernannt«. Bei einzelnen Schauspielern kletterte die Gage bereits Anfang der siebziger Jahre, wie das »Profil« nachweisen konnte, innerhalb von drei Jahren um 112 Prozent in die Höhe. Weniger begabte Gagenturner erreichten aber immer noch Steigerungen ihres Einkommens zwischen 59 Prozent (Boy Gobert) und 81 Prozent (Frank Hofmann).
Daß es hier bei der Rollenverteilung nicht ganz mit rechten Dingen zugegangen sein konnte, kritisierte der Rechnungshof in seiner herb-direkten Art: »Es gab Solisten, die ein Jahr hindurch in keiner einzigen Vorstellung auftraten, andererseits wurden Solisten in über 100 Vorstellungen eingesetzt.« Und der Rechnungshof fand auch einen Schauspieler, der in eineinhalb Jahren auf eine einzige Vorstellung

– bei vollen Bezügen natürlich – gekommen war. Noch ärger war es bei den Damen des Ensembles. Der Rechnungshof mokierte sich darüber, daß »von 17 Damen elf in einem Jahr überhaupt nicht auftraten, sondern deren Jahresgage ohne jede Gegenleistung ausgezahlt wurde«. Machte immerhin drei schöne Milliönchen aus.

Neuer Vertrag für Hundertjährige / Es ist alles nicht wahr, es ist alles nicht wahr – leider treffen diese Worte aus einem Nestroy-Couplet auf die Situation der österreichischen Bundestheater nicht zu. Es ist noch viel mehr wahr. Bei den Verträgen und Sondergagen gab es einen Fall, der kaum noch steigerungsfähig ist: So erhielt die gewiß verdienstvolle Romy-Schneider-Großmutter Rosa Albach-Retty im zarten Alter von über 100 Jahren einen neuen Dienstvertrag, obwohl sie 1958 das letzte Mal aufgetreten und längst in einem Altersheim zu Hause war. So wurde sie, geschmückt mit einem »Aktiven Dienstvertrag« durch den früheren Burgchef Klingenberg, der ursprünglich Schwabenitzky hieß, in dem Personalstand weiter geführt. Die Ursache für diese kuriose Situation: Laut einem ungeschriebenen »Hausgesetz« der Burg wird der älteste Schauspieler nicht pensioniert, sondern formell als Aktiver weitergeführt. Es zahlen ja ohnedies die anderen, Bühne frei der Verschwendung!
Etwas jünger, aber auch nicht ungeschickt war Androsch-Freund Michael Heltau. Als ihm die Gage nicht ausreichend schien, erhielt er von dem großzügigen Burg-Direktor ein vertrauliches Briefchen, in dem zu lesen stand: »Mit Herrn Heltau wurde vereinbart, daß er zwar bis Ende der Saison seine volle Gage erhält, ab Mitte Mai aber bereits auf Urlaub gehen kann.« Heltau freute sich, ging nicht auf Urlaub und kassierte für diese »Bereitschaft« noch einmal eine Gage unter dem Titel »Ausgleich für entgangenen Urlaub«.

Der findige Giorgio / Als der Rechnungshof die Gagen für Regiearbeiten an der Oper überprüfte, fiel ihm deren »auch international besehen« mächtige Höhe auf. Im Vergleich zu anderen, die etwa für eine Regie an der Burg bis zu 432 000 Schilling einstreiften (Klingenberg für den »Anatol«), schien sich der italienische Star Giorgio Strehler mit 120 000 Schilling zu bescheiden. Erst später dämmerte dem Rechnungshof der Grund für diese Zurückhaltung bei der Gage: Der findige Giorgio genehmigte sich unauffällig 115 000 Schilling »Bearbeitungshonorar« und eine Spesenpauschale von 160 000 Schilling zusätzlich. Der Rechnungshof: »Derartige Spesentricks widersprechen der Budgetwahrheit und Klarheit.«

Die Opern-Millionäre / Während an der Staatsoper in Wien sich jüngere Kräfte abmühen, auch einmal größer zum Zug zu kommen, hat sich eine Elite der Superstars herausgebildet, die unter sich bleiben will. Viele der Künstler haben privat beste Kontakte zu Spitzenpolitikern, was ihrer Karriere nicht abträglich war, wie etliche Beispiele zeigen.
Was an Gagen in der Oper »drin« ist, zeigte schon im Jahr 1973/74 Eberhard Wächter. Der stimmgewaltige Künstler jubelte sich auf eine Jahresgage von 2 560 000 Schilling hoch. Er hatte nicht nur auf der Bühne dafür den richtigen Ton gefunden: Er war zugleich auch stellvertretender Betriebsratsobmann des »Singenden Personals«. Andere Stars wie Waldemar Kmentt und Walter Berry mußten sich mit Jahresbezügen von knapp unter zwei Millionen Schilling zufriedengeben.
Am besten jedoch verdienten die Künstler – wenn sie gar nicht auftraten. Kritisierte der Rechnungshof: »Auf diese Weise sind zwischen 1970 und 1974 knapp 45 Millionen Schilling ausgegeben worden.« Optimisten können sich freuen: Es ist inzwischen nicht weniger geworden.

Pension für Heinz Conrads / Was in Österreich ein volksnaher Künstler der Allgemeinheit wert sein muß, beweist der Fall Heinz Conrads. Welcher Politiker, welcher Direktor wird sich schon mit einem so populären Mann anlegen wollen? Noch dazu, wo er neben ÖBG-Präsident Benya im Präsidium des Fußballklubs Rapid sitzt.
Also machte Heinz Conrads nicht nur seine üblichen Schmähs, sondern auch einen geschickten Schachzug. Mit Billigung »von oben«: Er trat in der Saison 1973/74 halt 21mal in der Volksoper auf, verneigte sich tief – und ging ab in die gutdotierte Pension. Denn die Vordienstzeiten, die man sich sonst mühevoll erspielen muß, sind ihm »angerechnet« worden.

Der »Verschwender« als Dauerbrenner / Jahr für Jahr erschienen vereinzelt kritische Artikel, als die neuesten Defizite der Bundestheater bekannt wurden. 1978 kosteten sie 1,27 Milliarden Schilling, und stolz wird im »Jahresbericht der Bundestheater« vermerkt, daß die Einnahmen aus dem Kartenverkauf auf 212 Millionen Schilling gestiegen sind.
Und was geschah? Bedächtiges Kopfnicken des verantwortlichen Unterrichtsministers (frei nach dem Alt-Wiener Motto: »Nur net hudeln.«), dann die Ankündigung, da und dort für mehr Sparsamkeit zu sorgen. Weniger Gratiskarten, genauere Kontrolle – und schon wurde Sinowatz als »Sparmeister« gefeiert. Nur weil er halt wirklich so aussieht, als hätte er von alldem in der Tat keine Ahnung.
Und als ein Jahr wieder herum war, war auch der Abgang wieder höher. Und dann wieder höher. Bis wir zuletzt bei den unglaublichen 1,6 Milliarden Schilling angelangt sind. Wie das offiziell begründet wird? Unterschätzen Sie nicht den Einfallsreichtum unserer Politiker. »Hier geht es nicht darum, nach Groschen zu suchen«, dürfen wir uns sagen

lassen, »sondern um den kulturpolitischen Auftrag.« Und letzterer hat den großartigen Vorteil, daß keiner genau sagen kann, was damit in der Praxis gemeint ist. Und das wollte man ja auch offenbar damit erreichen.

Kassiere hinter der Bühne / Es wäre jedoch nicht fair, den Superstars mit ihren hohen Gagen den Löwenanteil an der Steigerung des Defizits zuzuordnen. Das stimmt nicht. Sie haben wohl kräftig zugelangt, gegen ihre Konkurrenten hinter der Bühne jedoch waren sie direkt harmlose Waisenknaben.

Damit das leichter verständlich wird: Von den gesamten, gigantischen Aufwendungen der Bundestheater entfallen 85 Prozent auf die Position »Personalaufwand«. Aber nur 37 Prozent gehen für das künstlerische Personal drauf, den Löwenanteil streifen die stillen Gemüter in der Kulisse – vom Beleuchter bis zum Betriebsrat – ein.

Und an diesem Beispiel läßt sich die Verpolitisierung der Bundestheater am deutlichsten darstellen. Die Gewerkschaft der Bühnenangestellten zählt zur härtesten Lobby überhaupt. Da können Ballettänzer zu fett, Schauspieler zu alt, Helfer zu dumm sein – das macht alles nichts. Sie setzen den Hebel an – und stoßen kaum auf Widerstand. Es geht ja schließlich »nur« um Steuergeld. Und wer sich mit der Gewerkschaft anlegt, wird mit hoher Wahrscheinlichkeit am Ende zu den Verlierern gehören. Also warum dann streiten, wenn es so auch geht?

Ein Abend – vier Gagen / Geradezu phänomenal wird die Sache, wenn die mächtige Bühnengewerkschaft sich mit dem Monopolbetrieb ORF, der seinerseits wiederum fest in der Hand der starken Betriebsräte ist, zusammenfindet. Dann kann, wie wir es erlebt haben, folgendes eintreten: Da wird die Oper »Der Troubadour« aufgeführt und vom ORF übertragen. Was daran interessant ist? Daß die Solisten an diesem Abend gleich vier Gagen kassieren konnten: eine zahlte ihnen die Staatsoper (90 000 bis 150 000 Schilling), drei weitere blechte der ORF für die »Urheberrechte« dazu.

Wenn der Chor Urlaub macht / Daß das Theaterpersonal nach guter alter Beamtentradition unkündbar ist, muß wohl nicht extra hinzugefügt werden. Aber auch die Mitglieder des Staatsopernchors wissen, wie man in Österreich zu was kommt: Sie haben sechs schöne lange Wochen Urlaub. Den verbringen sie nicht irgendwo am Mittelmeer, sondern in einer wunderschönen, österreichischen Sommerfrische: nämlich bei den Salzburger Festspielen. Dort quartieren sie sich bei Bauern und in Pensionen ein, freuen sich über die schöne Gegend und singen während des von der Oper bezahlten Urlaubs für die Salzburger Festspiele und kassieren auf diese Weise noch einmal.

Der Super-Vertrag / Wer steht an der Spitze dieser Bundestheater, wo derartige Praktiken üblich sind? Natürlich niemand, der nicht politisch genehm ist. Direktor Jungbluth, früher auch Manager von Boxkämpfen in der Wiener Stadthalle, war sogar sehr genehm. Und weil er so genehm war, bekam er gleich einen 15-Jahres-Vertrag verpaßt.
Erst später sickerten einige Details durch. Demnach steht wörtlich in der Vereinbarung, daß er seine vereinbarte Pension auch dann zu bekommen hat, »wenn er sich für seine Verwendung als geistig ungeeignet erweist oder sein Verhalten dem Ansehen und den Interessen des Dienstes abträglich ist«.
Sachen gibt's, die gibt's gar nicht, außer bei den österreichischen Bundestheatern.

Die großzügigsten Festspiele der Welt / Naht die Festspielzeit, dann holen Österreichs Politiker und Wirtschaftsbosse ihren Smoking aus dem Kasten. Es gilt wieder dabeizusein. Und nur wenige sind dabei, die sich die sündteuren Karten aus der eigenen Tasche bezahlen. Die Salzburger Festspiele sind nicht nur ein Kulturereignis, sondern auch ein prächtiges Fest der honorigen Spesenritter.
Die Salzburger Festspiele sind aber höchstwahrscheinlich die großzügigsten Festspiele überhaupt: für große und kleine Künstler, alte Theaterdirektoren und junge Friseusen. Als der Rechnungshof 1983 die ersten größeren Erhebungen abschloß, waren manche der abgebrühten Prüfer fassungslos. So etwas hatten sie noch nicht erlebt.

Steuergeld trotz Zinsertrag / Sie wußten wohl, daß die Salzburger Festspiele auch 1983 wieder eine Subvention aus Steuermitteln in der Höhe von 87,1 Millionen Schilling bekommen sollten. Sie taten sich aber schwer, beim Eruieren, wofür. Denn die finanziell durchaus potenten Festspiele erlösten allein aus »Kursgewinnen und Zinsen« im Jahr 1982 annähernd acht Millionen Schilling. Manche Großfirma erblaßte vor solch protzigen Ergebnissen vor Neid.
Das Direktorium der Festspiele hatte einen einfachen Weg gefunden, um trotz guter Erträge zu Subventionen zu kommen: Die zu erwartenden Erträge wurden stets nach unten korrigiert, die Kosten nach oben, und schon stand man wieder als prominente Organisation in der Subventionsschlange. Sicherheitshalber begehrte man gleich eine zehnprozentige Erhöhung der Staatshilfe. Das macht sich immer gut und untermauert die Glaubwürdigkeit des Ansuchens. Der stellvertretende Salzburger Landeshauptmann Moritz wetterte: »Die Salzburger Festspiele schwimmen im Geld!«

Der Gagen-Grand-Prix / Dieses Eindruckes kann man sich nicht erwehren, wenn man die Gagen, die dort gezahlt werden, näher anschaut. Karajan höchstpersönlich gönnte sich 1982 für einige Auftritte über eine Million Schilling; seine Dirigentenkollegen greifen gern für ihn in Salzburg zum Taktstock. Sie wissen, was das bringt: pro Abend über 140 000 Schilling.

Der absolute Spitzenverdiener in Salzburg ist der neue »Soft-Darling« des Festspielpublikums, James Levine. Er kassierte innerhalb weniger Wochen 1,4 Millionen Schilling. Und der Wiener Operndirektor Maazel ging mit rund 700 000 Schilling auch nicht gerade leer für diesen netten Nebenjob aus.

Anders als etwa in Bayreuth werden die Künstler mit verschwenderischer Großzügigkeit nach Salzburg gelockt.

Unsere Politiker sehen dabei gelassen zu. Sie sitzen ja meist in der ersten Reihe.

Die ÖBB als Tabu / Zu den treuesten Subventionsempfängern in Österreich zählen die staatlichen Bundesbahnen. Sie sind zu einem hochpolitischen Faktor geworden: Wer immer versucht, gegen die gigantischen Subventionen anzutreten, ist sich des erbitterten Widerstandes der Eisenbahnergewerkschaft sicher. Diese wiederum zählt zu den Supermächtigen unter ihren Kollegen. Sie schlägt den Takt zu dem, was der Verkehrsminister kann – und nicht umgekehrt. Je heftiger die Privilegien mancher Eisenbahner kritisiert werden, desto enger rückt die Gewerkschaft zusammen.

Aufgrund dieser gewaltigen Hausmacht der Eisenbahnergewerkschaft ist es fast schon unmöglich geworden, die Zustände öffentlich zu kritisieren. Wollen wir's dennoch riskieren.

Zunächst einmal ist bemerkenswert für die ÖBB, daß sie mit 78 314 Pensionisten mehr Leute im Ruhestand als an der aktiven Arbeit hat – denn da sind es nur 69 628.
Allein die Personalkosten verschlangen vollständig sämtliche Verkehrseinnahmen, welche der staatliche Moloch kassieren konnte. Jahr für Jahr sind steigende Zuschüsse durch den Staat notwendig, um die Bundesbahn in Fahrt zu halten.

Mit 48 Jahren in Pension / Eine der Ursachen dafür sind die vom Rechnungshof immer wieder kritisierten Sonderregelungen für die ÖBB-Beschäftigten. Die spektakulärste davon reicht, wie die Gewerkschaft nicht müde wird zu betonen, auf das Jahr 1898 zurück und wurde noch vom k.u.k. Eisenbahnministerium erlassen. Sie besagt, daß die volle Pension einem ÖBB-Bediensteten mit 35 Dienstjahren gebührt – was bereits im 53. Lebensjahr erreicht werden kann. Angehörige des ehemals »begünstigten Dienstes« (Fahr- und Verschubdienste) können unter bestimmten Voraussetzungen bereits nach 30 Dienstjahren mit Anspruch auf volle Pension in den Ruhestand treten. Das bedeutet: Diese ÖBB-Mitarbeiter können kerngesund und fröhlich mit 48 Lenzen in die »Pension« gehen.
Diese Regelung aus der Monarchie, die jetzt von der sozialistisch dominierten Eisenbahnergewerkschaft mit Vehemenz verteidigt wird, führt nicht nur dazu, daß die Jung-Pensionisten mit rund 50 Jahren ihre nächste Berufslaufbahn, gestützt auf die nette ÖBB-Pension, starten, sondern auch dazu, daß es im ÖBB-nahen Bereich nur so von Pensionisten wimmelt. Auf 100 aktive Bedienstete kommen 111 Pensionisten. Wie stark die Bundesbahn dabei über anderen Bereichen liegt, macht ein Vergleich mit der Hoheitsverwaltung des Bundes deutlich: Dort kommen auf 100 aktive Beamte nur 44 Pensionisten. Der Rechnungshof

ermittelte demnach: »Bei einem gleichartigen Verhältnis wie beim Bundesdienst dürften die Bundesbahnen nur 32 000 Pensionisten haben.« Tatsächlich aber sind es gleich um 48 000 mehr, was jährliche Zusatzkosten von fast sechs Milliarden Schilling bedeutet.
Für das Jahr 1979 hat der Rechnungshof einmal genau das Alter jener ÖBB-Mitarbeiter erfaßt, die in Pension gegangen sind. Der Durchschnitt lag bei – 54 Jahren!

Krankenstand vor der Pension / Es gibt aber auch noch ganz andere »Extras« für die von den Sozialregelungen besonders zart angefaßten Bundesbahner. Wie gleichfalls der Rechnungshof in einer genauen Untersuchung aufgedeckt hat, ist es offenbar dort üblich, noch vor der Pensionierung einen ausgedehnten Extra-Urlaub auf Staatskosten zu konsumieren. Von 400 untersuchten Fällen fanden sich nur neun, die bis zur Frühpensionierung durchgedient hatten. Kritisiert der Rechnungshof: »Die Dauer der Krankenstände vor der Versetzung in den Ruhestand betrug meist drei bis vier Monate, reichte nicht selten aber auch bis zu einem Jahr und darüber.« Die Mehrkosten, die sich bloß aus dieser internen Großzügigkeit ergeben, wurden mit gut hundert Millionen Schilling errechnet. Eine Größenordnung, die bei den Milliardensubventionen, die für die ÖBB jährlich aufgebracht werden müssen, offenbar eine zu vernachlässigende Summe darstellt ...
Warum sich viele ÖBB-Mitarbeiter so auf die Pension freuen, hat nicht nur eine wichtige Ursache in den jungen Jahren, in denen das möglich ist, sondern hat auch einen ganz trivialen, finanziellen Hintergrund: Während Bundesbedienstete, die in den Ruhestand treten, mit 80 Prozent ihres Aktivbezuges rechnen können, streifen die Bundesbahner seit 1962 gleich 83 Prozent ihres letzten aktiven Monatsbezuges ein.

Beförderung in der Pension / Verstärkt wird der Anreiz, so rasch wie möglich in Pension zu gehen, ferner dadurch, daß bei der Bemessung der Pension auch jene Beförderungen mitberücksichtigt werden, welche der Beamte in den nächsten eineinhalb Jahren noch erreicht hätte. Er wird so behandelt und abgerechnet, als hätte er die nächste Vorrükkung bereits erreicht.

Doch auch in der aktiven Zeit fahren die ÖBB-Mitarbeiter nicht schlecht. Wurde im Jahr 1979 ein offizielles Gehaltsabkommen getroffen, das eine Erhöhung um 4,2 Prozent vorsah, so lag die tatsächliche Steigerung bei neun Prozent!

Das Ganze hat natürlich System. Der Rechnungshof mußte feststellen, daß fast die Hälfte aller Bundesbahner höhere Gehälter beziehen, als ihnen nach der arbeitsplatzmäßigen Verwendung zustünden. Besonders pikant ist die Situation in der höchsten Gehaltsgruppe X: Dafür waren eigentlich nur 47 Personen vorgesehen – in Wirklichkeit aber werden 196 Bedienstete nach dieser Gehaltsgruppe entlohnt!

Daß es nicht ganz einfach ist, mit Einsparungsvorschlägen durchzukommen, machte ein besonderer Fall deutlich. Da die Reinigung der Wagen nicht einheitlich und vor allem nicht befriedigend geregelt war, versuchte die ÖBB testweise eine Vergabe an Privatfirmen. Dabei lag beispielsweise das Angebot einer Privatfirma mit 3,8 Millionen Schilling deutlich unter den mit 5,6 Millionen ermittelten »Selbstkosten« der Bundesbahn.

Was dann passierte? Vielleicht die Vergabe des Auftrages an diese Privatfirma? Wer so denkt, weiß nicht, wer bei den Bundesbahnen wirklich regiert: die Gewerkschaft. Ihr »Zentralausschuß der Bediensteten« lehnte die Vergabe an private Reinigungsfirmen »grundsätzlich« ab. Dies würde zur »vollständigen Zerstörung der mühsam aufgebauten Organisation führen«, wurde allen Ernstes festgestellt.

Lehrlingsbetten teurer als im Hotel / Diese Haltung zieht sich durch viele Bereiche der Bundesbahn. Als sie für ein Lehrlingsheim in Wien 35 Millionen Schilling veranschlagt hatte, wurden schließlich Gesamtkosten von 87 Millionen draus. Kostet ein Hotelbett in der Errichtung – Kategorie A – rund 30 000 Schilling, waren pro Lehrlingsbett 430 000 Schilling aufzuwenden.
Aber schließlich handelte es sich ja um ÖBB-Lehrlinge.

Die lieben Nebenbahnen / Der geschätzte Leser nimmt gewiß, vorbereitet durch die zahlreichen anderen Beispiele in diesem Buch, an, daß die Positionen bei der Bahn nach parteipolitischen Gesichtspunkten vergeben werden. Und so ist es auch.
Die Politik ist der treueste Zugbegleiter der ÖBB. Nicht einmal beim Defizit springen die Politiker ab, weil sie sich für dessen Abdeckung den Applaus der Bundesbahner erwarten.
Rationalisierungen werden politisch diskutiert und meist hintertrieben. So wogt schon seit 1971 die Diskussion über die Einstellung der Nebenbahnen. Diese verursachen, bei meist geringer Passagierfrequenz, ein jährliches Defizit von weit über einer Milliarde Schilling. Also wäre es naheliegend, eine Einstellung zu vollziehen oder nach billigeren Alternativen zu suchen. Doch nichts von dem geschieht.
Ohne daß der Vorstand der ÖBB deswegen Angst zu haben braucht, weil er untätig bleibt. Denn die Frage wurde sehr österreichisch gelöst: Das Verkehrsministerium gab im Jahr 1976 die richtungweisende Weisung, daß zuerst das Ergebnis der Studie der Österreichischen Raumordnungskonferenz abgewartet werden sollte. Diese tagte immerhin bis Mitte 1980. Als sie dann doch empfahl, alle Nebenbahnen bis auf ganz wenige einzustellen, begann das politische Schwarzer-Peter-Spiel: Wer übernimmt die Verantwortung

in der Öffentlichkeit für diese unpopuläre Maßnahme? Die sozialistische Regierung wollte das nicht tun, die zumeist »schwarzen« Bürgermeister der betroffenen Orte auch nicht und die »Landesfürsten«, Pardon, Landeshauptleute, schon erst recht nicht.
Also blieb vorerst alles beim alten: Die ÖBB fährt und der Steuerzahler blecht.

Milliarden für General Motors / Österreich gilt nicht nur als das Land der Skilehrer und Kellner, sondern international betrachtet auch als das der Subventionen. Die Politiker, die sich für ihre Parteien selbst ein großes Stück vom Steuerkuchen abschneiden, haben vollstes Verständnis dafür, wenn das andere auch tun wollen. Appetit haben schließlich alle.
Zeigt die Geldverschwendung im riesigen österreichischen staatlichen Beamten-Kulturbetrieb, wie die Subventionen blühen können, so hat die Regierung Kreisky diesbezüglich auch auf wirtschaftlichem Gebiet Meilensteine dieser Art gesetzt.
Wissen Sie, was Überheblichkeit ist? Wenn etwa das kleine Österreich dem größten Automobilkonzern der Welt, General Motors, die größte, je gewährte Einzelsubvention gewährt. Und genau das ist auch passiert: Die sozialistische Alleinregierung hat dem größten Autokonzern der Welt für eine in Österreich zu tätigende Investition (Gesamtvolumen 7,8 Milliarden Schilling) eine Subvention in der Höhe von 2,6 Milliarden Schilling geschenkt.
Hunderttausende Klein- und Mittelbetriebe, die für Österreich typisch sind und die jahrzehntelang brav Steuern zahlten, mußten plötzlich miterleben, wie ein vor wenigen Jahren noch von Linken attackierter »Multi« auf der Subventions-Sänfte durchs Land getragen wurde.
Jeder Arbeitsplatz, der auf dem Gelände des ehemaligen

Flughafens Aspern entstehen sollte, wurde mit der runden Summe von einer Million Schilling gefördert.
Der Vertrag zwischen dem kleinen Österreich und dem Auto-Giganten zählt gewiß zu den ungleichsten Vereinbarungen, die je abgeschlossen wurden.

Die Meistbegünstigungsklausel / Ein Blick in den Vertrag lohnt sich: Da werden etwa »Barzuwendungen von 2,6 Milliarden Schilling« versprochen. Die Vereinbarung besteht aus einem Nutzungs-, einem Options-, einem Infrastruktur-, einem Beschäftigungs- und Ausbildungsvertrag sowie einer Vereinbarung für Steuer- und Zollangelegenheiten.
In letzterem Vertragsteil findet sich beispielsweise der freundliche Satz: »Die Republik Österreich wird dem vorliegenden Projekt der General Motors Corporation die günstigste Behandlung angedeihen lassen, die nach österreichischem Recht zulässig ist.« Davon träumen österreichische Steuerzahler, die bei der Eintragung von Steuerfreibeträgen Schlange stehen, schon lange.
Und welche einschneidenden Verpflichtungen General Motors einging? Um diese Frage mit einer typischen Vertragspassage zu beantworten, heißt es einige Seiten weiter milde: »Es ist das Verständnis der vertragschließenden Parteien, daß General Motors österreichische Waren und Dienstleistungen im Ausmaß der Barzuwendungen der Republik einsetzt, *vorausgesetzt*, daß sie qualitativ, preislich sowie in den Liefer- und Zahlungsbedingungen konkurrenzfähig sind.« Im Ausmaß von 800 Millionen Schilling sollen dabei Waren- und Dienstleistungen von Wiener Unternehmen berücksichtigt werden. Immerhin waren die Konzernmanager so großzügig, daß sie gefälligst die Subvention in echten Schilling-Noten haben wollten.

Die Gratis-Wasserleitung / Damit ist aber die schöne Liste der Extras, welche die Republik Österreich dem Autokonzern bietet, bei weitem nicht erschöpft. Es heißt: »Die auf dem Grundstück verlegten Wasserleitungen werden auf Kosten der Republik auf dem Gelände verlegt.« Die Republik wird auch auf ihre Kosten für eine entsprechende Lärmschutzzone und für Lärmschutzböschungen sorgen.
Munter geht es weiter: »Die Republik stellt eine Erdgasleitung bis zur östlichen Grundstücksgrenze zur Verfügung. General Motors hat zum Ausbau und zur Erweiterung des außerhalb des Gelände liegenden Leitungssystems sowie der Zuleitung zum Gelände keine Beiträge zu entrichten.«
Wer je als »normaler Staatsbürger« etwa mit der Gemeinde Wien bei derartigen Fragen zu tun hat, wird ob dieser spontanen Großzügigkeit nur mehr nach Luft ringen. Dem Wiener wird von der Behörde eisern die Gehsteigerrichtung, auf Kosten der Privatpersonen natürlich, vorgeschrieben und vieles mehr. Vor General Motors aber machten die Herren Politiker einen tiefen Knicks. Denn mit einer so großen Firma hat man eben nicht alle Tage zu tun.
Deshalb heißt es in dem Vertrag weiter: »Die Republik stellt General Motors ohne Kosten eine verläßliche Versorgung mit Trinkwasser auf dem Gelände zur Verfügung. Außerdem stellt die Republik – ohne Kosten für General Motors – einen Schmutzwasseranschluß bis zur Pumpstation zur Verfügung. Ferner verpflichtet sich die Republik, für die Versickerung der Regenwässer auf dem Gelände eine Sikkergrube zu errichten.« Und natürlich übernimmt die großzügige Republik auch die Kosten für Fernschreib- und Fernsprechanschluß »bis zum Anschluß im Verwaltungsgebäude«. General Motors ist sicher so bedürftig, daß Österreich da, herzig wie es halt ist, helfend einspringen kann.
Da fällt es dann auch kaum mehr ins Gewicht, wenn

Österreich auf eigene Kosten, »um den Bedürfnissen von General Motors zu entsprechen«, eine vierspurige Anschlußstraße bis zur Grundgrenze dazubaut. Und, weil man dann ja sowieso schon beim Bauen ist, auch noch eine zweispurige Umfahrungsstraße des Geländes sowie Ein- und Ausfahrten in das Industriegebiet. Sonst könnte es ja glatt passieren, daß wir ein schönes General Motors-Werk haben, dann aber nicht hinein- und wieder herausfahren können. Die Regierung dachte eben an alles.
Natürlich wurde auch zugesagt, die Straßenbahnlinie »bei Bedarf« zu verlängern, die Frequenz der Autobusverbindung zu erhöhen und eine Eisenbahnhaltestelle zu errichten.
Sogar eine Untersuchung des Geländes, auf Kosten der Steuerzahler selbstredend, wurde zugesagt, bei der nach »archäologischen Funden« Ausschau gehalten werden sollte.
Allein die Erschließung der Grundfläche in einem Ausmaß von 120 Hektar bewirkten Kosten in der Höhe von fast 700 Millionen Schilling.

Ausländer auf Abruf / Im »Ausbildungsvertrag« wurde fixiert, daß die Republik Österreich Kandidaten ausbilden werde. Derartigen »Bewerbern« (was unterscheidet uns da von einem Entwicklungsland) werden während der Ausbildungszeit nicht in den Personalstand von General Motors aufgenommen. Alle im Zusammenhang mit dieser Ausbildung stehenden Kosten werden durch die Republik getragen.
Gnädig liest man dann weiter: General Motors wird die auf Kosten der Republik ausgebildeten Bewerber – aber nur wenn diese den Qualifikationserfordernissen von General Motors entsprechen – in ihren Personalstand aufnehmen.
Und wenn nicht genügend inländische Arbeitskräfte ver-

fügbar sein sollten? Dann wird die »Republik veranlassen, daß General Motors die notwendigen Arbeitsbewilligungen und Visa erhält, um Arbeiter aus anderen Ländern beschäftigen zu können«.
Sind wir nicht fesch, wir großzügigen Österreicher? Die Republik wird außerdem 70 Prozent aller direkten Kosten im Zusammenhang mit dieser Ausbildung, einschließlich Löhnen und obligatorischen und freiwilligen Sozialleistungen, ersetzen. Und quasi zum »Drüberstreuen« übernimmt die Republik auch noch 70 Prozent der Kosten einer eventuell notwendigen Ausbildung im Ausland, einschließlich der Reise-, Lebens- und Beförderungskosten!

Zusatzprämien für Lehrlinge / Weil aber all das dem großen Autokonzern noch nicht Anreiz genug sein könnte, wird außerdem pro Lehrling ein weiterer Förderungsbetrag von 2000 Schilling monatlich im ersten und zweiten Jahr der Ausbildung und im dritten Jahr »zwischen 50 und 70 Prozent dieses Betrages« zur Verfügung gestellt.

Gratis-Vertrag / Vielleicht hat auch einmal ein General Motors-Manager den damaligen Staatssekretär Nußbaumer, der das auszuhandeln hatte, stirnrunzelnd angeschaut, wer weiß? Jedenfalls wurde das Gratis-Grundstück für 99 Jahre zur Verfügung gestellt. Und während normalerweise der Käufer die Vertragskosten zu übernehmen hat, deckte diese wieder die Republik ab. Und sicherte darüber hinaus noch zu, daß General Motors »konzerninterne Lizenzgebühren sowie Entgeltzahlungen für die Überlassung von Know-how und ähnliche Zahlungen« gewinnmindernd absetzen kann.
Da kann man den General Motors-Managern zu einem derartigen Vertrag nur gratulieren!

Liaison General Motors – Gewerkschaftsbank / Es wäre aber nicht Österreich, wenn das alles wäre: Außer der fetten Subvention für den Autogiganten hat General Motors gleich zusammen mit der Gewerkschaftsbank BAWAG eine eigene »General Motors-Bank« gegründet. Ideologie hin, Ideologie her – heute ist die BAWAG mit 25 Prozent an diesem kapitalistischen Appendix des größten kapitalistischen Konzerns beteiligt. Konferenzschaltungen zwischen dem General Motors-Wolkenkratzer in New York und der österreichischen Gewerkschaftsbank zählen inzwischen zum typisch österreichischen Bankalltag.

BMW: »me too«-Subvention / Großherzigkeit der Regierung Kreisky Autofirmen gegenüber blieb zumindest in der Branche kein Geheimnis. Und wie es bei Markenartikeln typische »me too«-Produkte gibt, die gekauft werden, weil sie der andere eben auch hat, so handelten die Autokonzerne nach dem gleichen Rezept. BMW, ein blühendes Unternehmen mit prallen Gewinnen, setzte der Regierung Kreisky wegen des neuen Werkes in Steyr die Schraube an – und bekam immerhin 1,65 Milliarden Schilling zugesagt. Mit einem derartigen Zubrot kommt eine Firma schon eine Zeitlang aus.

Der Austro-Porsche / Die Milliardengeschenke an General Motors und BMW haben eine Vorgeschichte, die den Rahmen absteckt. Ursprünglich war Bundeskanzler Kreisky von der Idee begeistert, alte österreichische Ingenieurskunst in einem »Austro-Porsche« wiederaufleben zu lassen. Er flog ins Porsche-Werk, streichelte dort rasante Fahrzeuge und kehrte voll Optimismus wieder zurück. Fachleute sind sich heute einig: Hätte Österreich selbst ein komplettes Autowerk errichtet, es wäre eine programmierte Pleite geworden. So aber war der Schmäh wirksamer als die tatsächlichen Handlungen. Der Druck auf die Autofirmen, für die Österreich bisher ein Paradies war, wuchs, der Handelsminister drohte immer öfter mit Gegenmaßnahmen, wenn nicht zumindest die eingeführten Autos mit einem größeren Anteil an österreichischen Zulieferungen versehen werden.

Das Beste am Austro-Porsche war, daß er nicht von der Verstaatlichten gebaut wurde. Das Zweitbeste war seine indirekte Auswirkung: Heute liefern Hunderte österreichische Betriebe im Wert von mehreren Milliarden Schilling an die ausländische Autoindustrie.

Milliarden-Zuckerln für die Firmen / Ihre besondere Perfektion bei der Zuckerbrot-und-Peitschen-Mentalität entwickelte die Regierung Kreisky den österreichischen Klein- und Mittelbetrieben gegenüber. Diese sind seit jeher eine Bastion der Bürgerlichen gewesen. Was tun in einem solchen Fall? Man fördere und locke, man nehme mit der einen Hand weg und teile mit der anderen wieder aus. Am Ende bleibt jedenfalls mehr Stimmenpotential über als vorher.

Die meisten österreichischen Unternehmer, in ihren Äußerungen alles andere als sozialistisch, spielten artig mit. Wenn es um lukrative neue Förderungen, Zuschüsse oder öffentliche Bürgschaften ging, standen sie Schlange, wie Schuhkäufer vor einem Ostblockladen, die Sorge haben, daß die wenigen Paare, die ihnen passen könnten, bald ausverkauft sein werden.

In Zahlen liest sich das so: Im Jahr 1970 betrug das gesamte Förderungsvolumen des Bundes für Klein- und Mittelbetriebe 1,4 Milliarden Schilling. Mit diesem Betrag konnten 3400 Antragsteller »bedient« werden.

Im Jahr 1982 hingegen war die gesamte Förderungssumme auf zehn Milliarden Schilling geschnellt. 10 500 Firmeninhaber und Manager konnten sich die Hände reiben: Für sie

war, meist gar nicht wenig, vom großen Förderungskuchen übriggeblieben.
Seit dem Antritt der Regierung Kreisky im Jahr 1970 wurden bis Ende 1982 insgesamt 110 000 Anträge positiv erledigt, was eine gewaltige Summe von 75 Milliarden Schilling locker machte.
Allein die Fremdenverkehrsbetriebe holten sich rund die Hälfte davon.
Mußten sich Österreichs Gastwirte und Hoteliers 1970 noch mit kargen 580 Millionen Schilling begnügen, lag der Förderungswert 1982 bei ungleich besseren 4,26 Milliarden Schilling.
Wetten, daß Ihre Phantasie nicht ausreicht, um sich all diese verschiedenen Förderungen vorstellen zu können? In den letzten zehn Jahren wurden exakt 42 Förderungsarten für Klein- und Mittelbetriebe entweder erfunden oder modifiziert. Die Palette reicht von der »Strukturverbesserung« über die Bürgschaftsfondsstammaktion bis hin zu Förderungen à la »Komfortzimmer und Sanitärräume« (von Handelsminister Staribacher respektlos »Häuslaktion« genannt), »Jederzeit warme Küche« und »Zuwendungen für Fremdenverkehrsbetriebe an Seen«.
Die Förderungsrichtlinien mit allen Erklärungen ergeben einen fast mannshohen Bücherstapel, der viele Kilo schwer ist.
Da taucht plötzlich ein EE-Fonds auf, der dann von vielen mit dem ERP-Fonds verwechselt wird, schließlich muß der subventionierte Unternehmer sich mit dem FGG-Kürzel anfreunden (Finanzierungs-Garantiegesellschaft), und hat er das gelernt, stellt er erstaunt fest, daß es neben dem ERP-Fonds außerdem auch noch eine »ERP-Ersatzaktion« gibt.
Sie zweifeln? Es gibt noch viel mehr – nämlich auch noch ein ERP-Sonderprogramm.
Viele dieser Förderungen müssen dann auch noch unter-

schieden werden nach Zuschüssen, Garantien, Haftungen oder Zinsstützungen.
Wahrscheinlich wäre es für viele heimische Betriebe klüger, sich Förderungs- und Subventionsspezialisten zu engagieren als einen neuen Betriebsleiter. Denn dabei war für viele netto wesentlich mehr zu verdienen als mit dem eigentlichen Geschäft.
Einen kleinen Vorgeschmack dafür gibt die kurze Aufstellung der wichtigsten, erst in den letzten Jahren neu geschaffenen Aktionen:

10) Seit 1970 neu geschaffene Förderungsaktionen

Beispiele	Jahr	Förderungs-volumen	Fälle/ Unternehmen
Existenzgründung	(seit 1977)	2,6 Mrd.	4 500
ERP-Ersatz	(seit 1972)	4,8 Mrd.	1 980
Prämienaktion Fremdenverkehr	(seit 1972)	1,0 Mrd.	22 800
Top-Kredite	(1982)	3,2 Mrd.	270
Insolvenzhilfe		520 Mio.	
Regionalförderung			
ERP-Sonderprogramm	(1973)	2,2 Mrd.	
Sonderförderungsaktion Bund/Land	(1980)	350 Mio.	83
Berggebiete	(1980)	25,5 Mio.	43
Branchenförderung			
Textil, Bekleidung, Leder	(1979)	229 Mio.	

Quelle: Ausschreibung des Bundesministeriums für Handel, Gewerbe und Industrie

Dafür sind die Behörden bezüglich der Vorschriften auch nicht zimperlich. So wird den Gastronomiebetrieben minuziös vorgeschrieben, wie groß die Servietten zu sein haben und wie die WC-Anlagen beschaffen sein müssen.
Knurren die Unternehmer unwillig gegen diese Ansinnen, können sie mit dem drohenden Zeigefinger rechnen: Wenn sie allzu aufmüpfig werden, dann, ja dann, könnte es schon einmal passieren, daß diese Förderungen eingestellt oder zumindest gekürzt werden. Also nach einem System, das jeder Hundebesitzer mit einer Knackwurst bei seinem vierbeinigen Liebling einfach erproben kann.

Zu diesen direkten Förderungen kommt meist auch der dezente Hinweis auf die »indirekten« Förderungen, sprich Steuervorteile durch vorzeitige Abschreibung etc. Liegt die direkte Förderung für die Jahre 1970 bis 1982 bei einem Gesamtausmaß von 75 Milliarden Schilling, so werden von Gewerkschaftsexperten die »indirekten« Förderungen mit 170 Milliarden Schilling beziffert.
Selbst wenn es tatsächlich wesentlich weniger sein sollte – in jedem Fall stellt auch das ein wirksames Element der Zuckerbrot-und-Peitschen-Politik dar.

Geschminkte Firmenleichen / Bei der Unterstützung von Unternehmen ließen sich die Verantwortlichen aber nicht davon leiten, daß mit den Subventionen neue Arbeitsplätze geschaffen werden. Viele Milliarden flossen auch in Betriebe, von denen von vornherein klar war, daß da nicht mehr viel zu holen war.
Stellvertretend für etliche dieser Fälle sei hier nur die Papierfabrik Niklasdorf erwähnt. Diese befindet sich im Besitz der Leykam AG, wobei wiederum Hauptaktionäre der Leykam AG die zu 60 Prozent verstaatlichte Creditanstalt-Bankverein ist. Die Papierfabrik Niklasdorf war schließungsreif; als die Belegschaft mit Sitzstreik und ähnlichen für die Politiker unangenehmen Maßnahmen drohte, wurde für weitere drei Jahre eine Weiterführungsgarantie abgegeben. In der Zwischenzeit errechneten CA-Buchhalter, was im Laufe der Jahre in dieses todgeweihte Unternehmen gepulvert worden ist: 960 Millionen Schilling mußten auf mehr oder minder starken politischen Druck dorthin umgeleitet werden.
Und als der holländische AKZO-Konzern die Glanzstoffwerke mit über 1000 Mitarbeitern wegen der zu hohen Defizite schließen wollte, fand er einen willigen Käufer: Die Verstaatlichte war unverzüglich zur Stelle. Warum?

Schließlich stand das Werk ausgerechnet in jenem Wahlkreis, in dem Bundeskanzler Kreisky wieder kandidierte. Was oppositionelle Politiker zu dem drastischen Satz verführte, daß die Regierung mit Steuergeldern »Firmenleichen schminke, statt junge Betriebe zu fördern«.

Milliarden für die Verstaatlichte / Wie sehr die Regierenden in Österreich zur Problemlösung mittels Nichtentscheidung neigen, illustriert die Entwicklung der Verstaatlichten Industrie und dabei wiederum besonders der Werde- und Niedergang der Edelstahlindustrie.
In einem Anflug von Realitätsbezogenheit wurde bereits Anfang der siebziger Jahre dem amerikanischen Beratungsunternehmen Booz-Hamilton der Auftrag erteilt, die Struktur und die Zukunftsperspektiven der Edelstahlindustrie in Österreich zu erforschen. Als der Bericht vorlag, breitete sich peinliches Schweigen aus. Immerhin hatten die nicht gerade billigen Berater eine radikale Strukturbereinigung vorgeschlagen.
Wie lösen österreichische Politiker ein derartiges Dilemma? Sie nehmen den Bericht, verlesen einige nichtssagende Worte darüber und lassen ihn in der untersten Lade des hintersten Schreibtisches verschwinden. Dort reift und lagert er dann, bis ihn wenigstens die Opposition nach angemessener Frist für ihre Argumentation verwenden kann.
Wie sich später an den wachsenden Schwierigkeiten der österreichischen Stahlindustrie zeigen sollte, hatten die Amerikaner ja nicht gerade unrecht. Bei uns aber wurde munter fortgewurstelt, als sei nie irgend etwas geschehen. Erst als die Verluste Milliardenhöhe erreichten, erinnerte man sich an das längst vergessene Gutachten.
Selbstverständlich konnte jetzt mit so gewaltiger Verspätung nicht zugegeben werden, daß man damals nicht rea-

giert hat. Also reagierte man jetzt. Und zwar dadurch, daß diese Beraterfirma neuerlich den Auftrag erhielt, die Stahlindustrie zu durchleuchten.
In der Zwischenzeit profilierte sich die Verstaatlichte als Klotz am Bein der Republik: Ihre Verluste erreichten 1981 den beträchtlichen Wert von 6,8 Milliarden Schilling, ein Jahr später waren es immer noch fünf Milliarden.
Da konsequente Personalreduktionen vermieden werden sollten, sprang neuerlich die öffentliche Hand ein. Aus Steuergeldern dotierte Schulungskurse, in denen Stahlarbeiter Erste Hilfe und Fremdsprachen lernen konnten, waren die Folge. Und als das auch nicht ausreichte, wurde schließlich die »Aktion 57« erfunden. Dabei werden Dienstnehmer, die dieses Alter erreicht haben, in die Frühpension geschickt. Das ist recht praktisch, denn die dafür zusätzlich anfallenden Kosten muß nicht das Unternehmen aufbringen, sondern es muß wieder die Allgemeinheit herhalten.

Das Verstaatlichungsgesetz / Für viele ist der hohe Verstaatlichungsgrad im neutralen Österreich ohnedies schwer verständlich. Er läßt sich auch nur historisch begründen. Am Ende des 19. Jahrhunderts wurden die Bahnen aus strategischen und politischen Gründen verstaatlicht. Um die gleiche Zeit führten kommunalsoziale Maßnahmen, wie sie etwa der damalige Bürgermeister von Wien, Lueger, durchführte, zur Inbesitznahme von Verkehrs- und Versorgungsbetrieben durch die städtische Verwaltung.
Eine weitere Ausweitung der Verstaatlichung erfolgte nach der Weltwirtschaftskrise, als die Regierung zur Sanierung der zusammengebrochenen Creditanstalt 43 Prozent der Aktien in Staatseigentum und 15 Prozent in Besitz der Nationalbank überführte.
Unmittelbar nach dem Ende des Zweiten Weltkrieges wollte man dann die Schlüsselindustrien und die wichtigsten

Versorgungsbetriebe vor dem Zugriff der Besatzungsmächte retten.
Das Verstaatlichungsgesetz vom 26. Juli 1946 übertrug die Anteilsrechte an 70 Unternehmungen der Industrie und des Gewerbes sowie an den drei großen Kreditinstituten (Creditanstalt-Bankverein, Länderbank, Österreichisches Credit-Institut) in den Besitz des Staates.
Durch das zweite Verstaatlichungsgesetz vom 26. März 1947 wurde die Elektrizitätswirtschaft mit Ausnahme von kleineren Stromlieferungsunternehmen (bis 200 Kilowatt) in die öffentliche Hand überführt. Für die Stromversorgung konnten die Bundesländer eigene Landesgesellschaften unterhalten. Darüber hinaus sollten Sondergesellschaften (Tauernkraftwerke, Donaukraftwerke, Draukraftwerke etc.) für den Bau und die Weiterführung von Großbetrieben der Elektrizitätswirtschaft sorgen, wobei die Hälfte der Anteile im Bundesbesitz sein mußten. Als Dachorganisation für diese Gesellschaften wurde die Verbundgesellschaft etabliert.
Wie bereits beschrieben, geriet die Verstaatlichte rasch in die Einflußsphäre der politischen Parteien. Von der Postenvergabe bis hin zur Subventionierung lief und läuft alles über politische Kanäle. Das Aktiengesetz mit der Verantwortlichkeit des Vorstandes wird zu einem nichtssagenden Papier, wenn erzürnte Betriebsräte ins Bundeskanzleramt marschieren, um dort für sie günstigere Lösungen durchzudrücken. Der Vorstand wird das dann schon rechtzeitig erfahren, was er zu tun hat...
Daher ist auch die willige Subventionierung von verlustreichen Staatsbetrieben zum Teil ein Akt des schlechten Gewissens der Regierenden den Vorständen gegenüber.

Die Beruhigungspillen / Doch zurück zum Subventionsparadies Österreich. Die Regierenden nützen die Subventio-

nen wie praktische Beruhigungspillen: Wenn einer zu laut schreit oder sonstwie lästig wird, bekommt er ein Häppchen. Schreit er noch lauter, bekommt er halt noch mehr.
Den einen will man nicht vergrämen, weil er »im Bezirk« wichtig ist, den anderen nicht, weil man selbst sein Flugzeug auf dem Sportplatz gratis abgestellt hat und schließlich hat die Tennissektion des Ministeriums auch ihr Gutes: Man kann dort als Prominenter das Racket fast zum Nulltarif schwingen.
Die Zeitungsberichte über den Subventionsluxus lesen sich wie ein Comic-strip. Vieles hält man für grotesk, für übertrieben, was aber nüchterne Wahrheit ist, die zudem im Subventionsbericht mit gebührendem Ernst aufgelistet wird.
Ich überlasse es der Beurteilung des Lesers, ob er bei der folgenden Aufzählung den Eindruck hat, daß sich etwas zum Besseren geändert hat.
Starten wir im Jahr 1972. Damals fanden sich im Subventionsbericht so kuriose Unterstützungen wie »30 000 Schilling für den Verband der Krippenfreunde«, die »Jagdgilde Herzogenburg« wurde mit 40 000 Schilling, der »Schützenverein 1602 Stockerau« mit 60 000 Schilling, der »Sportverein Leithaprodersdorf« hingegen nur mit 20 000 Schilling bedacht. Bringen Sie mich bitte nicht in die Verlegenheit, Ihnen erklären zu müssen, warum die Steuerzahler Vorarlbergs den Sportverein Leithaprodersdorf mitfinanzieren sollen, aber so war es jedenfalls.
Eine herausragende Position nehmen unter den Subventionsempfängern die Fliegervereinigungen ein. Schon 1972 fanden sich nicht weniger als 43 Fliegerklubs, die erfolgreich die Hand aufgehalten hatten. Unter anderem durfte sich die »Fliegervereinigung Schwarzer Adler« über großzügige 100 000 Schilling freuen.
Der Fußballverein Admira, der normalerweise um stattliche

Beträge Fußballer »zu kaufen« pflegt, wurde mit einem 300 000-Schilling-Darlehen für eine neue Flutlichtanlage verwöhnt.
Und sogar die noble Österreichische Campagnereitergesellschaft streifte unter dem vielsagenden Titel »Administration« solide 300 000 Schilling Subvention ein.
Selbst der Österreichische Gewerkschaftsbund, der über Jahreseinnahmen von über einer Milliarde verfügt, ließ sich 1,7 Millionen Schilling für die Gewerkschaftsjugend auszahlen.

Pokale und Feuerwehrfeste / Die Regierung ließ sich wahrlich nicht lumpen, wenn eine kleine Großzügigkeit fällig schien. Für rund 90 sportliche Veranstaltungen wurden prächtige Pokale gestiftet, und der Bundesfeuerwehrverband erhielt als Kostenbeitrag für die Abhaltung der Generalversammlung 60 000 Schilling.
Als schließlich ein »Verein der Freunde der offenen Tür« 60 000 Schilling Subvention kassierte, sah sich der Kronen-Zeitungs-Kolumnist »Staberl« veranlaßt, die Frage aufzuwerfen, ob der Verein nicht besser »Feunde der offenen Hand« heißen sollte.
Auch im unmittelbaren Nahbereich der Mächtigen gab es kein Darben und Verzichten. Der »Sportklub Bundeskanzleramt«, der für sein Subventionsansuchen die Briefmarken sparen kann, wurde mit 40 000 Schilling gesponsert.
Und im Subventionsbericht 1974 ist nachzulesen, was passiert, wenn der Pächter des Parlamentsrestaurants nicht mit seinen Kosten durchkommt: Er erhielt 87 135 Schilling als »Abgeltung für die Erschwernisse, die die mangelnde Rentabilität eines unbedingt notwendigen ständigen Restaurationsbetriebs mit sich bringt«. Davon, daß die Abgeordneten dort zu Superdiskontpreisen fein speisen können, steht freilich kein Wort.

Springen wir ein paar Jahre weiter – wie sah es dann beispielsweise 1976 aus? Auch da spielten die Regierenden munter mit Zuckerbrot und Peitsche. Auf die Zuckerbrot-Seite fiel etwa ein Fremdenverkehrsexperte, der für 480 000 Schilling Malaysia studieren durfte. 175 000 Schilling wurden für »Stipendien für gehobene Postbeamte in Ägypten« ausgegeben, wahrhaft ein zentrales Anliegen aller Österreicher! Die Journalistenschule in Nairobi dafür wurde mit 382 658 Schillingen bedacht.

Dafür durfte sich der »Sportklub Bundeskanzleramt« bereits über ansehnlichere 80 000 Schilling freuen – in Zeiten wie diesen wird eben auch der Sport nicht billiger...

Außenpolitisch ließ es sich die Regierung nicht nehmen, ungewöhnliche Akzente zu setzen. Unter anderem finden sich unter der erstaunlichen Bezeichnung »Errichtung eines Spitals in der befreiten Zone Vietnams« 323 000 Schilling. Wobei nicht hinzugefügt wird, von wem diese Zone »befreit« worden ist.

Und Starkolumnist »Staberl« konnte es sich nicht verkneifen, im Gegensatz zum seinerzeitigen »Deutschen Gruß« den »österreichischen Gruß« näher zu definieren: Dieser wird zwar auch mit ausgestrecktem Arm, aber dafür mit nach oben gedrehter und vor allem stets leicht gekrümmter Handfläche erwiesen. Damit man die Subventionen leichter greifen kann.

Als im Jahr 1977 der schon siebente Subventionsbericht veröffentlicht wurde, konnte man Hoffnung schöpfen: Im Gegensatz zum Vorjahr, wo dieser eine Stärke von 412 Seiten umfaßte, waren es diesmal »nur« 351 Seiten. Die Ernüchterung folgte allerdings auf dem Fuße: Die Liste der »Nehmer« war zwar kleiner geworden, dafür aber die Beträge höher. 12,4 Milliarden Schilling wurden in diesem einzigen Jahr gönnerhaft von der Regierung unters Volk geworfen.

Kein Land konnte zu weit, kein Anlaß zu nichtig sein, daß Subventionsakrobaten nicht doch eine schöne Summe Steuergeldes hätten lockermachen können. So spendete Österreich aus bisher nicht restlos geklärter Motivation stattliche 598 000 Schilling (sozusagen ein Sonderangebotspreis) für die Indianer in Ostparaguay. Der Aufbau einer eigenen keniatischen Wochenschau war Österreich allemal 2,7 Millionen Schilling wert.
Und weil die Regierung in Bagdad großen Wert auf die Entwicklung eines »eigenen, nationalen irakischen Dieselmotors« legte, zeigte sich die Alpenrepublik nicht schnoddrig und förderte diese Sache im Rahmen einer »Durchführungsstudie« mit erstaunlichen 1,7 Millionen Schilling. Seither ist es zwar um den »eigenen irakischen Dieselmotor« still geworden, aber das Geld jedenfalls ist futsch.
Um knapp eine Million Schilling versuchte Österreich die Entwicklung des Tourismus im Lesotho zu fördern – sonst würden eines Tages nur mehr alle nach Österreich kommen, um hier Urlaub zu machen – das wäre denn doch zu viel für das kleine Land. Mit weiteren 1,5 Millionen Schilling wurde der Aufbau des geologischen Dienstes in Ruanda unterstützt, und für eine zusätzliche Million wurden zwei Vermessungstechniker nach Nairobi entsandt. Sie werden dort schon ordentlich vermessen haben ...
Ungeklärt geblieben ist eine andere Subventions-Position. Unter dem beziehungsvollen Titel »Reihenmessungen für Damen« wurden 690 000 Schilling abgebucht.
Klarer ist da hingegen schon der Geldregen für die gute alte Donaudampfschiffahrtsgesellschaft: Sie mußte allen Österreichern in diesem Jahr 42 Millionen Schilling Zuschuß wert sein.
Was die Landwirtschaft anbelangt, so wurden nicht nur die heimischen Landwirte unterstützt, sondern auch deren »Kollegen« im fernen Tunesien. Für den Aufbau von zwei

Rinderfarmen warf Österreich splendid 11,4 Millionen Schilling aus, für die Entsendung von Viehexperten nach Nigeria wurden »nur« 950 000 Schilling in Rechnung gestellt.
Die damalige Gesundheitsministerin Leodolter ließ ausgerechnet im Skifahrerland Österreich eine »Skifahrerbroschüre« um 151 000 Schilling produzieren (als wüßten die Österreicher sonst nicht, wie das geht), und Unterrichtsminister Sinowatz unterstützte – unter anderem natürlich – die Errichtung von acht Sporthallen und zwölf Hallenbädern und gewährte außerdem elf »Trainerkostenzuschüsse« mit jeweils sechsstelligen Summen.

Eine Million für die Konfliktforschung / Wer soviel Geld weitgehend unkontrolliert unters Volk wirft, muß schon gewärtig sein, daß da einmal Konflikte entstehen könnten. Ergo wurde auch ein »Institut für Konfliktforschung« jährlich mit der runden Summe von einer Million Schilling unterstützt. Damit kann der bekannte Prof. Hacker (Spitzname: Der »Aggressions-Hacker«) diverse elementare Studien, wie etwa eine Analyse der Kundendienstanrufe im ORF durchführen.

Subvention für Arbeiterabstinentenbund / Es lassen sich aber viele weitere Kuriositäten entdecken. Die Organisation der »Arbeitersamariter« konnte sich über die Anhebung der Subvention von 300 000 auf 760 000 Schilling freuen und der »Arbeiterabstinentenbund« durfte immerhin noch 150 000 Schilling einstreifen. Das dürfte wohl für die Limonade des nächsten Jahres reichen!

Das Schloß des Ex-Ministers / Immer wieder sind es persönliche Beziehungen, die den Subventionsfaden erfolgreich knüpfen lassen. Der ehemalige Handelsminister Illig hatte

es sich zum persönlichen Hobby gemacht, sein Schlaininger Schloß zu erhalten. Welche Hilfe er dafür erwarten kann? Nun, einmal spendierte die Frau Wissenschaftsministerin Firnberg 50 000 Schilling, im Jahr darauf – man kann das ja nicht immer im gleichen Ressort verbuchen – überwies Unterrichtsminister Sinowatz 100 000 Schilling für das Schloß des Herrn Ex-Ministers.
Zu den ganz besonderen Leseratten dürfte die »Österreichisch-Sowjetische Gesellschaft« gehören. Mehrere Jahre hintereinander ließ sich dieser Sowjet-Propaganda betreibende Verein mit jeweils 300 000 Schilling die Aufstockung der »Studienbibliothek« subventionieren. Der Kapitalismus hat offensichtlich auch seine vorteilhaften Seiten ...

Was ist subventionswürdig? / Immer wieder taucht bei diesen Unterstützungsbeträgen die Frage auf: Nach welchen Gesichtspunkten werden die Subventionen gewährt, welche Kriterien liegen der Vergabe von so vielen Milliarden Schilling zugrunde? Jetzt wird es wieder heiterer, weil es sehr offiziell zugeht: Denn in den Richtlinien heißt es todernst, daß »eine Leistung förderungswürdig ist, wenn sie geeignet ist, zur Sicherung oder Steigerung des Gemeinwohls oder zur Hebung des zwischenstaatlichen Ansehens der Republik Österreich oder zum Fortschritt österreichischer Staatsbürger in geistiger, körperlicher, kultureller, sozialer oder wirtschaftlicher Hinsicht beizutragen«. Aha! Jetzt wissen wir's, wie es dazu kommen konnte, daß sich sogar Indianer in Paraguay über österreichische Steuerschillinge freuen durften!

Musiklehrer für Malta / Gestützt auf diese praktischen Subventionsbegründungen drehte sich das Steuergeld-Karussell munter weiter. Wieder war ein Jahr ins Land gezo-

gen und wieder freuten sich Tausende und aber Tausende im In- und Ausland über die milden Subventionsgaben.
Einen besonderen Schwerpunkt stellte dabei Malta dar. Diese Insel, mit der uns außer der großen Entfernung so gut wie nichts verbindet, erhielt zunächst einmal fast 200 000 Schilling für eine »technisch-gewerbliche Ausbildungsaktion für Malta«. Weitere 152 000 österreichische Schillinge wurden für ein »Seminar maltesischer Führungskräfte« spendiert (vielleicht erlernten die dort den österreichischen Gruß?), und damit man auf der Insel weiß, wer wirklich was von Musik versteht, wurden drei österreichische Musiklehrer dorthin entsandt. Kosten dafür: schlichte 400 000 Schilling.
Der Präsident der Journalistengewerkschaft, ein Langzeit-Abonnent staatlicher Förderung, bediente sich in diesem Jahr mit insgesamt 441 000 Schilling. Wie er dazu kam, weist ihn als Subventions-Profi aus: Einen Teil holte er sich unter der Bezeichnung »Förderung der Publizistik«, einen anderen unter dem Sammelbegriff »Literaturförderung«.
Sie erinnern sich noch an den »Sportklub Bundeskanzleramt«? Nun, dieser erfreute sich diesmal schon über erstaunliche 120 000 Schilling. Für die Errichtung einer Flutlichtanlage und die Innengestaltung einer Sauna wurden dem Wiener Postsportverein 200 000 Schilling zugemittelt.
Am großzügigsten war aber ohne Zweifel der damalige Finanzminister Androsch zu seinen Beamten: Er verwöhnte seinen »Sportverein Finanz« mit 418 000 Schilling und den »Sportklub Finanzministerium« mit 160 000 Schilling. Offenbar damit die Herren Steuerkontrolleure, gestählt durch regelmäßiges Gratis-Tennis, besonders kraftvoll zupacken können.

Von Bregenz bis zum Burgenland / Wenn es um die Kultur geht, dann gibt es, das wissen Sie ja schon, in Österreich kein Zögern und Zagen, höchstens ein Zahlen. Nach diesem Motto wurden die Bregenzer Festspiele mit 6,7 Millionen Schilling gespeist und die Burgenland-Festspiele, von Spöttern auch »Gelsen-Festival« genannt, durften mit 2,2 Millionen rechnen.

Besonders eifrig ist Unterrichtsminister Sinowatz stets beim Ankauf diversester, meist umstrittener Filme und Filmchen gewesen. Für die Produktion des Streifens »Teufelsbett« durfte ein Kinomensch eine halbe Million Schilling einsakken, die »Unsichtbaren Gegner« waren Sinowatz immer noch 364 000 Schilling wert, und das Filmstudio Salzburg erhielt für »Die Rückkehr des alten Herrn« einen Zuschuß von 700 000 Schilling. Um Mißverständnisse auszuschließen: Es handelte sich dabei nicht um einen Film über Bruno Kreisky.

Die teure Nachtmusik / Der Ankauf fremder Filme und solcher, die es sein sollten, erwies sich mit einem Gesamtbetrag von 8,3 Millionen Schilling aber geradezu als Okkasion im Vergleich zu den Kosten, die aufliefen, als die Republik Österreich selbst ins Filmgeschäft einstieg.

Politiker als stille Hintermänner einer Filmfirma und deren vorzugsweise weiblichen Stars – das konnte nicht anders als in einer satten Pleite enden.

Es kam, wie es kommen mußte. Zuerst engagierten Politiker einen ORF-Kameramann als Geschäftsführer. Immerhin hatte er ja oft genug die Minister ordentlich ins Bild gedrückt, Pardon, gerückt.

Dieser fuhr dann wie ein Film-Boß aus Hollywoods Glanzzeiten sicherheitshalber kreuz und quer durch die Welt. Um schließlich folgenden Geniestreich zu planen: Mit abgetakelten Filmstars vergangener Jahrzehnte produzierte er die »Kleine Nachtmusik« und wartete freudig, bis seine »Kollegen«, nämlich die wirklichen Bosse der Filmkonzerne,

antanzen und untertänig um die Erlaubnis ansuchen würden, den Streifen übernehmen zu dürfen.
Sie kamen natürlich nicht, dafür aber war der gigantische Verlust dieser »Wien-Film« perfekt. Daher sprang das Unterrichtsministerium mit 14 Millionen Schilling ein, und auch der Finanzminister, der die Bestellung des Kameramannes Lazek mehr als wohlwollend verfolgt hatte, mußte zusätzlich mit weiteren 50 Millionen Schilling »Liquiditätsstützung« dienen.

Geförderte Schnitzer / Ging es bei so bedeutsamen internationalen Filmprojekten, die immerhin Altstars wie Liz Taylor und Rex Harrison zu Bargeld verholfen haben, um Millionen, so reichten im »gewerblichen Subventionsrahmen« die Hunderttausender.
So finden sich in der Subventionsliste unter anderem 250 000 Schilling, die für »Werbung für gesundes Schuhwerk« bereitgestellt wurden. Eine Modeschau im fernen Tokio war uns 259 000 Schilling wert. Und schließlich gaben die spendierfreudigen österreichischen Politiker auch noch eine Viertelmillion für den Ausbau einer »Schnitzschule« in Elbigenalp aus.

Wer schenkt, regiert! / Frei nach diesem Motto erfuhr die Subventionspraxis eine lückenlose Fortsetzung in den Folgejahren. Im Jahr 1979 war der Subventionsbericht auf mächtige 416 Seiten angewachsen – ein Bündel von Geschenken, mit denen regiert (und die Sparsamkeit negiert) wurde.
Auf Seite fünf findet sich verschämt die Textpassage: »Die gesamten Aufwendungen für direkte Subventionen haben sich von 1976 bis 1979 um 24,7 Prozent erhöht.«
Warum wohl? Das wird nicht näher ausgeführt. Aber unter anderem finden sich 175 000 Schilling für eine »Aktion 0,0

Promille«. In Österreich gibt es zwar noch immer keine 0,0 Promille, aber die Subvention jedenfalls haben wir dafür bereits ausgegeben.
Wen wundert es da, wenn die jährlich ausgeschütteten direkten Subventionen bereits auf 14,2 Milliarden Schilling angewachsen sind! Zweistellige Steigerungsraten pro Jahr signalisieren nicht gerade eine übertriebene Sparsamkeit.
Neu an diesem Subventionsbericht war ein nicht unwichtiges Detail: Subventionszahlungen unter 100 000 Schilling wurden nicht mehr unter voller Namensnennung angeführt. Es wäre ja denn doch zu peinlich gewesen, hätte man da lesen können, daß beispielsweise der »Esperantobund« 10 000 Schilling erhielt, der Grazer Jungbläserkreis 10 000 Schilling, die Bambusflötengilde 20 000 Schilling, der Wühlmaus-Club Kufstein 10 000 Schilling und die »Bregenzerwald Kulturtage« 20 000 Schilling.
Gleichfalls hätte man auf diese Weise eine andere Subvention allzuleicht ausmachen können: nämlich 40 000 Schilling, die für einen »Festakt zu Ehren spanischer Pflegeeltern österreichischer Kinder« aufgewendet wurden.
Drehte es sich gar um echte Diplomaten, ließ sich das kleine Österreich nicht lumpen. »Veranstaltungen zugunsten internationaler Beamter und Angehöriger des Diplomatischen Corps« waren uns immerhin 100 000 Schilling wert!

7

KLEINES LAND GANZ GROSS

Nach dem Zerfall der Monarchie mußte sich Österreich damit abfinden, nur mehr ein Kleinstaat zu sein. Weite Teile der Bevölkerung vermöchten dies (insbesondere nach 1945), nur einzelne Politiker nicht. Wie eine Mücke vom Licht angezogen wird, strebte der Kleinstaat nach immer größeren Projekten.

Was sich in Österreich auf diesem Gebiet in den letzten zwanzig Jahren abgespielt hat, kann kein Zufall sein. Mit ungeheurem finanziellen Einsatz sollte Österreich über die politische Bedeutungslosigkeit in die Geschichte der Gigantbauten förmlich einbetoniert werden.

Es ist der Traum des kleinen Mannes, es einmal »der Welt zu zeigen«. Er wird von den Politikern öfter geträumt als von den Bürgern des Landes, die auch noch in der nächsten Generation dafür zahlen werden müssen. Im folgenden sollen einige typische Beispiele dieser Gigantonomie dargestellt werden.

Das AKH: Die »Unvollendete« / Wenn österreichische Politiker riesige Vorhaben planen, bekommt das Ganze meist eine innere Dynamik: Die Kostenschätzungen sind klein, die Kostenüberschreitungen groß, die Korruption in jedem Fall zugegen, nur nicht immer so plump, daß die Medien rechtzeitig draufkommen.

Ein Schulbeispiel für dieses Szenario ist das Allgemeine Krankenhaus in Wien. Es ist die größte und teuerste »Unvollendete«, die es in Österreich je gegeben hat.

Die ersten Schätzungen für den Neubau des größten Spitals Mitteleuropas lagen ursprünglich – und das war im Jahr 1962 – bei einer Milliarde Schilling (inklusive der Einrichtung).

Im Jahr 1975, als die Bauarbeiten bereits im Gang waren, veranschlagte der damalige Finanzminister Androsch die Baukosten schon auf 15 Milliarden Schilling, der Wiener Bürgermeister Gratz auf »16 bis 17 Milliarden«. Gratz schätzte damals, daß die Baudauer sich bis 1985 ausdehnen würde.

Nur ein Jahr später wurde die »fliegende Kostenschätzung« auf 18 Milliarden Schilling hinaufkorrigiert, der Fertigstellungszeitpunkt mit 1986 neu festgelegt.

Im Juli 1979 meldete die offizielle Rathaus-Korrespondenz schon einen neuen Kostenrahmen mit 19,5 Milliarden Schilling. Und sechs Monate später rechneten die Verantwortlichen bereits mit rund 20 Milliarden Schilling.

Diesmal gab's dann nach zusätzlichen 30 Tagen via die »Sozialistische Korrespondenz« eine neue Kostenschätzung: Jetzt erwartete man Gesamtkosten von 26,2 Milliarden Schilling.

Als der Finanzminister daraufhin im Parlament mit einer dringlichen Anfrage konfrontiert wurde, überraschte er mit der neuen Schätzzahl von 36,7 Milliarden Schilling.

Ein weiteres Jahr danach resümierte der damalige Leiter des AKH-Kontrollbüros, der ehemalige Rechnungshof-Präsident Kandutsch: Es sei höchstwahrscheinlich mit endgültigen Baukosten von 40 Milliarden Schilling zu rechnen – und eine Fertigstellung vor dem Jahr 1990 sei auch nicht zu erwarten.

In der Zwischenzeit gab es riesige Korruptionsprozesse, bei

denen nicht nur einzelne Spitalsmanager zu langjährigen Haftstrafen verurteilt wurden, sondern auch Generaldirektoren internationaler Lieferfirmen. Sogar der Präsident der Industriellenvereinigung, der Ex-ITT-Generaldirektor, wurde unbedingt abgeurteilt.

Nicht vom Schwert der Justiz erfaßt wurden hingegen die enorm engen Verflechtungen zwischen den Drahtziehern des AKH-Skandals und manchen Spitzenpolitikern. Vieles wurde bekannt, manches überprüft, aber kaum etwas bewiesen. Die Beträge, um die es hier ging, waren zu groß, um blutige Amateure ranzulassen.

Trotz spektakulärer Gerichtsverhandlungen, prominentester Zeugen und harter Urteile machen die Kenner der Verhältnisse kein Hehl aus ihrer Einschätzung, daß damit wohl einige Akteure ihre gerechte Strafe bekommen hätten, sicher aber nicht jene, ohne deren zumindest wohlwollendes Agieren im diskreten Hintergrund das Ganze gar nicht möglich gewesen wäre.

Außer Spesen nichts gewesen – so können Wiens Steuerzahler deprimiert eine Zwischenbilanz ziehen. Durch die Prozesse wurde der Baufortschritt bei Europas größtem Krankenhaus weiter hinausgezögert. Die jährlichen Betriebskosten werden vermutlich bis zu zehn Milliarden Schilling ausmachen. Wann der Gesamtkomplex je fertig sein wird, weiß ebenso niemand wie, was er dann tatsächlich kosten wird.

Das AKH ist zur Sisyphus-Arbeit in Wiens Politik ausgeartet. Je länger daran gearbeitet wird, desto klarer ist zu erkennen, daß es kein Ende dabei gibt.

Die Geschichten rund um das AKH sind Legion. Sie reichen von zu engen Türen, durch die die Krankenbetten gar nicht durchkonnten, bis hin zum organisierten Baustellendiebstahl, von dem ganze Ortschaften beim Einfamilienhausbau profitierten.

Es wurde freiwillig eine neue Planungsmethode dabei angewendet: Während bereits munter gebaut wurde, entstand sie nämlich erst. Das erschwerte zwar die Fertigstellung, aber an der waren die maßgeblichen Stellen ohnedies nicht so besonders interessiert. Viel attraktiver war da schon das Aufrechterhalten der Aktivitäten, ohne genau zu wissen, wie es morgen weitergehen wird. Frei nach dem alten Kabarett-Ausspruch vom »Wilden auf seiner Maschin«: »I weiß zwar net, wohin ich fahr', aber auf jeden Fall bin ich früher dort.« Dieses geplante Chaos ließ die Korruption zu einem gesunden Geschäft mit dem Krankenhaus werden.
Die Österreicher hat das die längste Zeit nicht aufgeregt. Denn anders werden derartige Großprojekte bei uns sowieso nicht angepackt. Der gelernte Wiener konnte das beim Bauring-Debakel miterleben, wo die gemeindeeigene Baufirma im arabischen Wüstensand ungeheure Verluste baute und dann außerdem noch von arabischen Märchenprinzen auf die Bezahlung von »Provisionen« in aller Öffentlichkeit verklagt wurde. Auch damals gab es Gerichtsverhandlungen plus Verurteilungen.
Aber im Endeffekt war es wie dann später beim AKH: Getroffen wurde nur politisches Wild minderer Qualität. Die Leithammel der Macht blieben im sicheren Dickicht der versteckten Beziehungen verborgen.

UNO-City: Ein Hauch von großer Welt / »Eine der wesentlichen Zielsetzungen der Bundesregierung ist es, Österreich im internationalen Denken immer stärker zu verankern und damit die Sicherheit und Unabhängigkeit des Landes zu festigen. In der Erkenntnis, daß die Niederlassung Internationaler Organisationen ebenso wie die Abhaltung großer Internationaler Konferenzen diesen Bestrebungen entgegenkommt, war seit jeher die Politik der Bundesregierung, alle sich ergebenden Möglichkeiten zu nutzen. Es liegt auch in der Funktion eines neutralen Staates, als Ort der Begegnung zu dienen.«

Dieser in der Diplomatensprache abgefaßte Text, der scheinbar harmlos dahinplätschert, ist für den gelernten Österreicher eine gefährliche Drohung: Er weiß, was da auf ihn zukommt, wenn sich einmal eine Regierung entschließt, einen Hauch von der großen weiten Welt demonstrativ zu atmen. Denn dann sind die Gigantprojekte nicht mehr weit.

Das angeführte Zitat stammt allerdings nicht von der Regierung Kreisky, die sich für die UNO-City so ins Zeug legte, sondern wurde im Februar 1967 von der damaligen ÖVP-Alleinregierung abgefaßt. Verschreckt wurde damals an den Ministerrat berichtet, daß es wohl nicht genügen würde, wenn Österreich nur das Grundstück gratis zur Verfügung stellen werde. Es gebe eine »sich abzeichnende Tendenz, daß auch die Amtsgebäude kostenlos zur Verfügung gestellt werden«. Womit wohl in erster Linie die Tendenz der österreichischen Regierung gemeint war.

Bewundernd blickte man nach Rom, wo die italienische Regierung der Organisation für Ernährung und Landwirtschaft (FAO) sämtliche Gebäude gegen einen Anerkennungszins von einem Dollar jährlich überlassen hatte.

Österreich hatte schon zuvor einen »mutigen Schritt in seine internationale Zukunft« gemacht: Der Internationalen Atomenergiekommission ist das »Grand Hotel« an der prachtvollen Ringstraße unentgeltlich zur Verfügung gestellt worden.

Und auf Seite sechs des Berichts der ÖVP-Alleinregierung wird dann ausdrücklich festgehalten, wie man sich Wien als neue UNO-Stadt vorstellt: Die Österreicher schenken Grund und Gebäude, als Gegenleistung für diese Großzügigkeit erhält der Kleinstaat dann einen einzigen heißen

Schilling pro Jahr als »Anerkennungszins für das Amtsgebäude«.
Diesen Vorschlag mußten die Österreicher der chronisch defizitären UNO nicht zweimal machen. Sie war schneller da, als es die bescheidene österreichische Regierung erwartet hatte.
Aber wieder einmal murrte das Volk gegen den Unfug, zwar zu wenige Wohnungen für die Österreicher bauen zu können, dafür aber ein geschenktes Milliarden-Ding für die UNO. Also trat der Ersatzkaiser Bruno Kreisky vor das Mikrophon und erklärte den staunenden Österreichern, daß man das alles nicht so kleinkariert betrachten dürfe. In Wirklichkeit sei es nämlich so, verdeutlichte er »dem Mann auf der Straße«, daß uns die UNO-City überhaupt nichts koste. Selbst dann nicht, wenn wir jetzt Milliarden zahlen müssen. Denn, so fügte er hinzu, die UNO-Beamten, die da einmal in Wien arbeiten werden, verdienen alle gut und werden so fleißig einkaufen, daß über den Umweg der Steuern wir praktisch das UNO-Zentrum wieder herinnenhaben werden. Den meisten Österreichern blieb vor soviel Weitblick ihres republikanischen Herrschers schier der Mund vor Staunen offen. Sie sind bekanntermaßen ja dankbare Abnehmer für ökonomische Halbwahrheiten, wie sich immer wieder nachweisen läßt.
Das UNO-Zentrum wurde mit dem Steuergeld der Österreicher gebaut, die UNO-Beamten kamen, wenn auch zögernd, doch, und sie kauften auch: Allerdings nicht dort, wo es Kreisky vermutet hatte, sondern in der UNO-City selbst, wo es einen zoll- und steuerfreien Laden für die internationale Belegschaft gibt!
Der Hauch von der großen weiten Welt ist die Österreicher teuer zu stehen gekommen. Denn auch für die erheblichen Betriebskosten des Mammutgebäudes ist das kleine neutrale Land groß(zügig) genug, um das abdecken zu dürfen.

Und wieder einmal konnten die Österreicher an einem Gigantprojekt hochblicken, das sie eigentlich nicht gewollt, aber schließlich doch bekommen hatten. Dafür war ihnen in der Zwischenzeit die Reichsbrücke, die größte zur UNO-City führende Donaubrücke, aus Altersgründen ins Wasser gestürzt...

Das »Bruneum« / Die UNO-City sollte aber nur die Ouvertüre zu einem weiteren Mammutprojekt darstellen. Kaum, daß Österreich der UNO das neue Bürogebäude in Wien »schenken« durfte, wurden schon Pläne für den nächsten Schritt der Internationalisierung Wiens gesetzt. Die Bundeshauptstadt hatte wohl ihre liebe Not, um auch von den Vorarlbergern als echtes Zentrum der Macht akzeptiert zu werden, aber weltweit sollte das, wenn die Geschenke nur groß genug waren, wohl leichter möglich sein.

Folglich ließ die Bundesregierung hurtig zu der UNO-City auch noch Pläne hinzufügen, die die Errichtung eines Konferenzzentrums im Gelände des Donauparks vorsahen.

Und wiederum zeigte sich das international zumindest durchschnittlich verschuldete Österreich spendabel wie ein amerikanischer Multimillionär, den zu Weihnachten die Tränen eines Waisenkindes gerührt haben. Die Regierung Kreisky rang sich zu dem Entschluß durch, auch das Konferenzzentrum der Welt zum Geschenk zu machen.

Als die ersten massiveren Gegenstimmen laut wurden, ob denn das alles notwendig sei, ließ die Regierung ihre »Arbeitsplatz-Strategie« von Stapel laufen. Verschiedene »Experten« erhielten den Auftrag, den Beschäftigungseffekt des umstrittenen Gebäudes zu ermitteln. Heitererweise war auch die Baufirma Konstruktive AG dabei, die sich hervorragend im rot-schwarzen-Dunstkreis der Macht zu bewegen versteht. Selbstverständlich spitzte sie entsprechend den Bleistift und kam auf eine »Beschäftigungswirkung von 6170 Arbeitsplätzen für drei Jahre«. Das Wirtschaftsforschungsinstitut kam auf einen Wert von 2000 Arbeitsplätzen pro Jahr und investierter Baumilliarde und eine andere Expertise ermittelte »9347 Mannjahre«. Diese Ergebnisse reichten zumindest aus, um die Bevölkerung ausreichend zu verwirren.

Die Wirkung war aber nicht so penetrant, daß die Österreicher im Zahlennebel nicht doch die Konturen einer neuen Gigantomanie ausgemacht hätten. Und als die ÖVP als große Oppositionspartei eine Volksbefragung zu diesem heißen Thema veranstaltete, erreichte sie einen für sie selbst überraschend klaren Erfolg: 1,3 Millionen Österreicher unterschrieben gegen den Monsterbau.

Was die Regierung in eine ähnliche Situation wie beim Kernkraftwerk Zwentendorf hätte bringen können: Da wäre dann neben einem unbenützten Kernkraftwerk auch ein ungenütztes Konferenzzentrum gestanden. Kreisky entschied sich überraschenderweise zur Flucht nach vorne: Die Baufirmen waren plötzlich mit nie gekanntem Eifer bei der Sache, und um die Bevölkerung zu beruhigen, brummte der Kanzler noch etwas davon, daß arabische Scheichs bereit seien, ihm oder halt Österreich bei der Finanzierung des Konferenzpalastes zu helfen.

Die Baukosten ohne Finanzierungskosten sollten rund 4,5 Milliarden Schilling ausmachen. Stein auf Stein wurde aufgezogen, das Gebäude begann zu wachsen, nur die Österreicher warteten inklusive Kreisky vergeblich auf die märchenhaften arabischen Milliarden. Vor der Wahl am 24. April 1983 waren zwei dürre Telegramme das Maximum, was aus den Golfstaaten zu haben war. Also entschloß sich Kreisky, das Konferenzzentrum mit beiden Händen zu packen und vor den Journalisten zu verteidigen.

Österreich wird zusammen mit dem Königreich Saudi-Arabien, mit dem Staat von Kuweit und den Vereinigten Arabischen Emiraten sowie der Gemeinde Wien (eine harmonische Kombination) und der Republik Österreich eine Aktiengesellschaft gründen. Die Araber werden mit 50 Prozent daran beteiligt sein und demnach 1,5 Milliarden Schilling zur Verfügung stellen. Dafür würden aber die Freunde aus dem Märchenland eine kleine Gefälligkeit erhalten: eine steuerfreie, garantierte sechsprozentige Dividende. Auch dann, wenn das Konferenzzentrum von Anfang an Verluste erleiden sollte. Sogar interne Regierungsunterlagen sprachen von einem zu erwartenden jährlichen Betriebsverlust in der Größenordnung von 70 Millionen Schilling.

Nach Ablauf von 14 Jahren dürfen die Araber dann wählen, wurde verlautbart, was sie lieber haben wollen: den einbezahlten Geldbetrag zurück oder einen abgelösten Anteil am Substanzwert des Konferenzzentrums. Je länger das Abkommen von Finanzexperten durchleuchtet wurde, desto klarer trat zutage, daß das beste Geschäft dabei die Araber gemacht haben.

Und als ich dem Bundeskanzler in einem offenen Brief anbot, ihm einen Teil meiner Ersparnisse – allerdings zu den gleichen steuerlichen Bedingungen wie den Arabern – für das Konferenzzentrum zur Verfügung zu stellen, antwortete er mehrseitig, warum das Konferenzzentrum so eine gute Sache sei. Von den gleichen Bedingungen, wie er sie seinen arabischen Freunden zugesagt hatte, war allerdings in dem Schreiben keine Rede...

Das Konferenzzentrum ist kein von den Österreichern geliebtes Kind. Bei der Volksbefragung haben nach ernstzunehmenden Analysen sogar rund 250 000 deklarierte Sozialisten dagegen gestimmt. Das Bauwerk erhielt in der Folge den Spitznamen »Bruneum«, weil es außer Bruno Kreisky eigentlich keiner so recht gemocht hat. Der aber war zum Zeitpunkt der Entscheidung stark genug, um selbst diesen einsamen Beschluß durchzudrücken. Was Österreichs Schritte Richtung UNO und den Duft der großen weiten Welt anlangte, hatte nur einer das wirkliche Sagen: Bruno Kreisky regierte und agierte wie kaum ein Staatschef in einem industrialisierten westlichen Staat sonstwo.

Kernkraftwerksmodell Zwentendorf / Unerreicht ist Österreich, was die Atomkraft anlangt. Und zwar tatsächlich in der vollen Bedeutung dieser Worte: Wir haben wohl ein Kernkraftwerk, aber keinen Strom vom Kernkraftwerk. Denn Österreich leistet sich als einziges Land der Welt den Luxus, ein Kernkraftwerk im Maßstab 1:1 zu besitzen. Seine Haupteinnahmen, die dürftig genug sind, stammen von Besuchergruppen, die das Unikum bestaunen. Eingemottet und fern dem Einsatz – das ist das österreichische Schicksal von Zwentendorf. Dort sollte unser Atomzeitalter beginnen – und dort entstand neben dem Kernkraftwerk, das nicht in Betrieb gehen darf, ein konventionelles Kohlekraftwerk.

Aber schön der Reihe nach: Im April 1973 meldeten die österreichischen Zeitungen freudig, daß das erste Atomkraftwerk des Landes acht Milliarden Schilling kosten werde und im Jahr 1976 den Betrieb aufnehmen soll.

Es kam, wie es kommen mußte: Bei der ungemeinen Genialität, mit der in Österreich Großprojekte geplant werden, konnten die Termine natürlich nicht eingehalten werden. Es wurde später und später – bis der Sommer 1978 ins Land gezogen war. Stolz bestaunten die Politiker das nunmehr fertig gewordene Atomkraftwerk. Da international aber in der Zwischenzeit heftig gegen die Inbetriebnahme neuer Kernkraftwerke polemisiert wurde und das Thema wahlentscheidend werden konnte, schlug Bundeskanzler Kreisky etwas vor, was Ausländer wahrscheinlich kaum verstehen werden: Er ließ angesichts des fertigen Kernkraftwerkes die Österreicher darüber bestimmen, ob es auch in Betrieb genommen werden soll! Die Milliarden waren längst verbaut, die Arbeiter und Angestellten längst im Einsatz, der künftig von Zwentendorf zu beziehende Strom verplant – und da sollten nun die Österreicher darüber befinden, ob das Werkel tatsächlich in Betrieb genommen werden soll.

Eine ärgere Frozzelei ist schwer vorstellbar: Zuerst verbaut man viele Steuermilliarden und dann fragt man scheinheilig, ob man das Ganze auch einschalten solle.

Die Österreicher, die zwar »ihrem Ersatzkaiser« Kreisky eine absolute Mehrheit gegeben hatten, reagierten auf ihre Art. Sie verstanden zwar, wie die meisten Politiker auch, nichts von der Kernkraft. Aber wenn man ihnen schon die Chance bot, über ein fertiges Atomkraftwerk noch einmal abstimmen zu können, dann wollten sie diese Chance gerne nützen. Nämlich auf östereichische Art: Mit 50,47 Prozent der Stimmen sagten sie »Nein« zu Zwentendorf. Und damit auch heimlich »Ätsch« zu ihrem Ersatzkaiser, der sich persönlich für die Inbetriebnahme stark gemacht hatte.

Kreisky reagierte auf diese Niederlage auf seine Art: Er ließ die Entscheidung der Kernkraftwerksgegner juristisch gleich so einzementieren, damit es ja nicht durch eine kleine politische Veränderung zu einer Inbetriebnahme kommen könne.

Und obwohl an Österreichs Grenzen, insbesondere im Ostblock, zahlreiche Atomkraftwerke in Betrieb sind, wurde Zwentendorf zur modernsten Ruine des Landes.

Weil man ja nie weiß, was noch einmal kommen wird, ist Zwentendorf aber nicht demontiert und einem anderen Nutzen zugeführt worden – sondern es wurde sicherheits-

halber »eingemottet«. Jetzt gibt es nach wie vor eine Geschäftsführung, Aufsichtspersonal und hohe Schulden abzuzahlen – nur Strom fließt keiner.
Da sage noch einer, daß die Österreicher keine besondere Beziehung zu Großprojekten haben!

Atomkraftwerk Zwentendorf

8

SCHUTZ-
LOSE
SICHERHEIT

Nato-Generalsekretär Luns hat dem neutralen Österreich höchstens fünf Tage Widerstandskraft zugebilligt, wenn angegriffen werden sollte. Diese Äußerung, im Frühjahr 1983 gefallen, löste spontanen Widerspruch der betroffen gemachten Österreicher aus. Sie wußten zwar, daß ihr Heer nicht zu den stärksten der Welt gehört – aber das gleich so offen auszusprechen sei eine Ungeheuerlichkeit.

Österreich hat, was seine Verteidigung anlangt, ein höchst zwiespältiges Verhältnis zum Militär. Einerseits wird akzeptiert, daß es ganz ohne Soldaten nicht geht, andererseits hat Österreich als zuletzt zweifacher Kriegsverlierer gewiß nicht das Animo, einen neuen Waffengang anzustreben. Zu tief sitzen zudem in vielen Familien noch die Leiden des Zweiten Weltkrieges, einige der österreichischen Soldaten sind erst Ende der vierziger Jahre aus der sowjetischen Gefangenschaft nach Hause zurückgekehrt.

Wann immer es um finanzielle Entscheidungen ging, was im Budget den Vorrang erhalten sollte – das Bundesheer war kaum dabei. Die Kasernen verfielen, mitunter reichte das Geld nicht einmal aus, um den Soldaten ausreichend strapazierfähiges Schuhwerk zur Verfügung zu stellen.

Wir bauten lieber eine UNO-City statt neuer Abwehrstellungen. Nach wie vor wird der Luftraum von Uraltfliegern

der Marke »Saab« »geschützt«, weil das Geld für neue Abfangjäger nicht aufzutreiben ist. Wahrscheinlich wird diese Entscheidung dann erst gefällt, wenn die letzten »Rübenbomber«, die noch im Einsatz sind, abstürzen. Eine Konsequenz, die der heimischen Verteidigungsbereitschaft, zumindest im klassisch militärischen Sinn, entspricht.
Weil es an Geld mangelte, sollte das Land mit Ideen verteidigt werden. An Stelle einer starken Streitmacht wurde auf ein »Raumverteidigungssystem« umgesattelt. Dies bedachte bereits, daß Österreich gegen einen großen Angreifer ohnedies chancenlos ist. Es konzentrierte sich vielmehr auf eine billigere Art des kultivierten Partisanenkampfes, um den Preis eines Angriffes oder Durchmarsches »so hoch wie möglich zu halten«.
General Bernadiner äußerte sich voll Stolz in einem Zeitungsinterview: »Die Bereitschaftstruppe ist für österreichische Verhältnisse optimal ausgerüstet und ausgebildet. Ihre Mobilmachung innerhalb kürzester Zeit ist sichergestellt.«

Zauber der Montur / Ich hatte als ehemaliger Präsenzdiener das Vergnügen, zu einer Reserveeinheit, »deren Mobilmachung innerhalb kürzester Zeit möglich ist«, zu gehören. Eines Tages erreichte mich ein barscher Brief in herrischer Militärdiktion: Ich hätte meine Uniform und meine übrigen Utensilien an einem bestimmten Tag in der Kaserne X um Punkt neun Uhr abzuliefern. Denn meine Zeit als »Reservist« sei abgelaufen. Den scharfen Ton nahm ich angesichts dieser Mitteilung gerne hin. Bis einen Tag später neuerlich ein Expreßbrief, eingeschrieben, bei mir zugestellt wurde. In weichem, entschuldigendem Ton wurde ich darauf aufmerksam gemacht, daß ein Fehler passiert sei. Ich hätte mein Militärzeug nicht an dem genannten Tag, sondern an

einem anderen abzuliefern. Und dann stand ein Datum, das mit dem ursprünglich mitgeteilten identisch war!
Solchermaßen bereits belustigt trat ich an dem vorgeschriebenen Tag meine Fahrt zur angegebenen Kaserne an, um dort mein Soldatenzeug zurückzugeben. Als ich bei der Kaserne vorfuhr, schmunzelte der Wachposten bereits: Denn auch die Adresse für die Kleiderabgabe war falsch; die Uniform sei ganz woanders abzugeben.
Seither betrachte ich die Äußerungen von hochrangigen Militärs über die blitzartige Mobilmachung der wehrhaften Österreicher mit einer gewissen kritischen Distanz. Ob einmal die Russen die gleiche Geduld aufbringen wie ich, wenn es um die Besetzung des Landes geht? Ich hab' da meine Zweifel...
Und mir fiel die Schilderung von Alexander Vodopive* zu diesem Thema ein:

»*Die unbewaffnete Neutralität* / Es war Freitag, genau zwei Monate nach dem Tage, an dem Tito gestorben war. Die Kontrollbeamten der Flugsicherung des Schwechater Flughafens bereiteten sich, nachdem die letzten AUA-Kurse des Tages aus Zürich, Frankfurt und Paris eingetroffen waren, auf eine ruhige Nacht vor. Der Tatsache, daß das Luftüberwachungsradar im Osten und im Norden Österreichs, jenseits der tschechoslowakischen und ungarischen Grenze, totale Ausfälle zeigte, maßen sie keine besondere Bedeutung zu.
Gegen ein Uhr früh ersuchte dann eine aus Richtung Budapest kommende Maschine wegen Motorschadens um dringende Notlandeerlaubnis, die ihr auch anstandslos erteilt wurde. Kaum war das Flugzeug ausgerollt, stürzten mehrere Dutzend schwerst bewaffneter Insassen in Zivil heraus, wurden von einigen Ortskundigen erwartet und

* »Die Quadratur des Kreisky«, Molden-Verlag, Wien 1973.

eingewiesen und besetzten sofort Kontrollturm, Telefonzentrale sowie alle sonstigen Nervenzentren des Flughafens. Österreichs Zollbeamte hatten sich schon etwas gewundert, daß der Gesellschaftsreiseverkehr in Autobussen an den Grenzübergängen an diesem Tag besonders stark und Wien an diesem Tag das Ziel von rund dreitausend Besuchern aus den beiden östlichen Nachbarländern war. Einige der Autobusse mit den Gesellschaftsreisenden durchfuhren Wien ohne Aufenthalt und machten auf der Westautobahn sowie vor dem Riederberg Rastpause.

Der Zufall wollte es, daß auf den Rastplätzen rund um Wien und zum Teil auch auf Plätzen in den Außenbezirken der Bundeshauptstadt selbst die Autobusse auf große Fernlaster der ungarischen und bulgarischen Außenhandelsmonopole trafen, die die Grenze unbeanstandet und plombiert passiert hatten. Auf ihren Zoll- und Wagenpapieren waren die Transitladungen als Agrarexporte nach Deutschland und der Schweiz ausgewiesen. Dann allerdings wurden die Zollplomben entfernt: Die Ladung bestand aus Waffen und Uniformen, die an die Reisenden ausgegeben wurden. Gleichzeitig hatten sich an diesen Treffpunkten Lastkraftwagen mit österreichischen Fahrern eingefunden, die den Weitertransport der nunmehr bewaffneten und in Uniformen der Armeen der Warschauer-Pakt-Staaten eingekleideten Reisenden übernahmen.

Zum Zeitpunkt der Besetzung des Schwechater Flughafens wurden die von ortskundigen österreichischen Führern geleiteten Stoßtrupps nach genauem Plan auf die Nervenzentren der österreichischen Bundeshauptstadt angesetzt. Einige besetzten die wichtigsten Ministerien, die Fernsprechämter, die Schaltzentren von Rundfunk und Fernsehen sowie den Sender Bisamberg und den Fernsehsender Kahlenberg, die anderen holten den Bundespräsidenten, den Bundeskanzler, die in Wien anwesenden

Minister, die Präsidenten und führenden Sekretäre des Gewerkschaftsbundes mit Gewalt aus den Betten und brachten sie in die Nähe der Reichsbrücke, wo zwei sowjetische Donaupassagierschiffe, ›Amur‹ und ›Dnjepr‹, vor Anker lagen.

Währenddessen wurden die Beamten der Grenzpolizei und der Zollwache an den tschechoslowakischen und ungarischen Grenzübergängen nach kurzem Widerstand überwältigt. Panzer und Lastwagenkolonnen der Warschauer-Pakt-Staaten begannen nun, wieder von ortskundigen Führern begleitet, die militärisch wichtigsten Punkte des Burgenlandes, Niederösterreichs und Wiens zu besetzen. Der Kommandant der 9. Panzerbrigade in Götzendorf, einige Offiziere und Unteroffiziere wurden nach einem kurzen Gefecht überrollt.

Eine Alarmierung der Brigade war nicht möglich, da sich das Ganze am Abend eines Freitags abspielte. Außer den Wachhabenden befand sich der Großteil des Kaderpersonals auf Wochenendurlaub, und die in der Kaserne anwesenden Präsenzdiener waren erst drei Wochen vorher einberufen worden. Darüber hinaus waren durch die Besetzung des Verteidigungsministeriums sowie der Breitenseer Kaserne sämtliche Nachrichtenverbindungen zu den einzelnen Truppenteilen in Wien und in Niederösterreich unterbrochen worden.

Um fünf Uhr früh gaben dann die Austria Presse Agentur und der Rundfunk eine kurze Meldung durch, in der es hieß, in Anwesenheit des Bundespräsidenten habe soeben eine Sitzung des Ministerrates stattgefunden, dabei sei beschlossen worden, die Warschauer-Pakt-Staaten zu bitten, in Ostösterreich vorübergehend den Schutz der Neutralität zu übernehmen und zu diesem Zweck dort Truppenverbände der Warschauer-Pakt-Staaten als Sicherung gegen die Bedrohung eines NATO-Einmarsches zu statio-

nieren. Außerdem rief der Ministerrat die Bevölkerung auf, Ruhe und Ordnung zu bewahren und den Anordnungen der Regierung Folge zu leisten.
Wie sich später herausstellte, war lediglich die Besetzung Wiens und der wichtigsten strategischen Punkte Niederösterreichs ohne Zwischenfälle vor sich gegangen. In der Steiermark und im südlichen Burgenland leisteten Gendarmerie, Zollwache und die alarmierten Einheiten des Bundesheeres den Rollkommandos heftigen Widerstand und verhinderten die Festnahme der Mitglieder der steirischen Landesregierung, die Besetzung der Grazer Polizeidirektion und des dortigen Gruppenkommandos des Bundesheeres. Die österreichischen Einheiten mußten sich allerdings angesichts des Einmarsches der Panzerkolonnen der Warschauer-Pakt-Staaten in die Ober- und Weststeiermark zurückziehen. Die Panzerkolonnen ließen gegen Westen und Norden lediglich Flankensicherung zurück und marschierten in direktem Stoß aus dem Südburgenland und der Untersteiermark auf Marburg zu, wo sie im Laufe des darauffolgenden Tages allerdings auf heftigen jugoslawischen Widerstand stießen.
Gleichzeitig mit dem Eindringen in Wien waren westlich von Laibach, an der sogenannten Laibacher Pforte, Truppen der Warschauer-Pakt-Staaten aus der Luft gelandet worden, durch die dieses Paß- und Berggelände, das die Landverbindung Jugoslawiens nach dem Westen und Italien darstellt, besetzt und gesichert werden sollte. Hier waren seit den frühen Morgenstunden schwere Kämpfe im Gange.
Zur selben Zeit gab die sowjetische Presseagentur TASS bekannt, daß der jugoslawische Vizeministerpräsident die Regierungen der sozialistischen Staaten ersucht habe, zum Schutz gegen die Bedrohung durch die NATO und konterrevolutionäre Kräfte im eigenen Lande militärische Einhei-

ten der Warschauer-Pakt-Staaten nach Jugoslawien zu entsenden. Seit ein Uhr früh waren infolgedessen Panzer- und Truppenkolonnen ins Innere Jugoslawiens unterwegs, die trotz des heftigen Widerstandes, auf den sie stießen, vor allem bestrebt waren, neben den Hauptstädten die Adriahäfen Koper, Rijeka, Zadar, Split, Dubrovnik und die Bucht von Kotor zu erreichen, die gleichzeitig von See aus, von Verbänden und Marinelandetruppen der Roten Flotte im Mittelmeer, angegriffen wurden.
Die sowjetischen Botschafter in Washington, London, Paris und Rom überreichten Noten ihrer Regierung, in denen betont wurde, der Einmarsch in Jugoslawien und die Sicherung der österreichischen Neutralität in Ostösterreich sei auf Beschluß und Bitte der Regierungen in Wien und Belgrad erfolgt. Die Sowjetregierung erfülle mit der positiven Beantwortung des Hilfeansuchens der österreichischen Bundesregierung ihre Pflicht als Signatarmacht des Staatsvertrages, habe jedoch nicht die Absicht, dabei eine gedachte geographische Linie längs der Enns, des Semmering sowie westlich der Packalpe zu überschreiten. Die Truppen der Warschauer-Pakt-Staaten würden sich in dem Augenblick wieder aus Österreich zurückziehen, in dem die weitere Aufrechterhaltung der österreichischen Neutralität nach der Konsolidierung der Verhältnisse in Jugoslawien und dem Abschluß der Operationen in diesem sozialistischen Bruderland gegeben sei.«

Diese Schilderung war nicht eine reine Phantasiestory, sondern basierte auf Plänen, die für Österreich schon Mitte der fünfziger Jahre anläßlich des kommunistischen Generalstreikversuches bestanden hatten. 1968, beim Einmarsch der Sowjets in die ČSSR, ist es nicht viel anders zugegangen.
Ist es angesichts der militärisch mangelhaften Ausrüstung

überhaupt gerechtfertigt, Österreicher im Ernstfall in den Kampf zu schicken? Eine Frage, die indirekt nur mit dem Hinweis auf die Haltung Österreichs beim Einmarsch der deutschen Truppen 1938 beantwortet wird: Damals fiel österreichischerseits kein Schuß, der die Nationalsozialisten am Einmarsch gehindert hätte. Diesen Vorwurf wollen wir uns in Hinkunft offensichtlich ersparen.

Freundlichkeit als Waffe / Einen Vorgeschmack für den Ernstfall gab der OPEC-Überfall in Wien, bei dem Terroristen die Ölscheichs während ihrer Beratungen im OPEC-Hauptquartier als Geisel genommen hatten. Dramatische Sitzungen jagten damals einander, bis Kanzler Kreisky in die völlig verrauchte und von Reportern überquellende Halle trat und seinen Entschluß, die Terroristen ausreisen zu lassen, mit dem einzigen Satz eröffnete: »Hat jemand von Ihnen schon einmal über Leben und Tod zu entscheiden gehabt? Für mich war es das erstemal – und ich habe mich für das Leben entschieden.« Mit einem Schlag hatte der erfahrene Politiker alle Kritiker förmlich pulverisiert gehabt. Das verstanden die Österreicher, denen ihr ungestörtes Glück mehr wert ist als die schönste Ideologie.
Nur Innenminister Rösch ging dann für viele doch einen Schritt zu weit. Als die Terroristen, die immerhin einen österreichischen Polizisten ermordet hatten, zum Flughafen gebracht wurden, begleitete sie der Minister. Und als der weltweit gefürchtete Terrorist Carlos, der den Überfall geleitet hatte, zur Gangway kam, verabschiedete ihn Innenminister Rösch mit einem kräftigen Händedruck.
Es wird kein zweites Land auf der Welt geben, in dem Terroristen vom Innenminister höchstpersönlich wie ein Staatsbesuch per Handschlag verabschiedet werden. Offenbar halten wir Österreicher doch die Freundlichkeit für unsere stärkste Waffe.

9

IM VORZIMMER DER MACHT

Die Medien spielen in einer Demokratie eine wesentliche Rolle in der Meinungsbildung. Wer sich die Frage stellt: Wer regiert Österreich?, kann sie gleich ausdehnen und als Vorfrage stellen: Wer regiert den ORF? Antworten auf beide Fragen werden weitgehend identisch ausfallen. Der ORF hat als Monopolunternehmen eine besondere Position im politischen Spannungsfeld. Er versucht wohl, sich von parteipolitischen Durchgriffen so weit wie möglich fernzuhalten, aber auch nur, so gut das geht. Und manchmal geht's halt nicht. Da werden dann von Parteisekretariaten Nachrichtensendungen mit der Stoppuhr mitverfolgt. Wehe, der Spitzenmandat einer Partei darf insbesondere in Wahlzeiten auch nur zwei Sätze mehr sagen als der Kandidat der anderen Partei. Schon rattern die Attacken der Parteisekretariate über den Redaktionsfernschreiber.

Nachrichten: Jede Sekunde ein Politiker / Wen wundert es, wenn angesichts dieses politischen Drucks die Nachrichtensendungen mitunter zu einem neuen Gesellschaftsspiel unter dem Motto »Jede Sekunde ein Politiker« ausarten. In Wahlzeiten ist aber auch das nicht genug. Obwohl die Österreicher TV-Gebühren bezahlen, die sich im absoluten Spitzenfeld Europas bewegen, müssen sie im Hauptabendprogramm dann auch noch dümmliche Belangsendungen

über sich ergehen lassen. Während die Waschmittelindustrie für derartige Werbespots enorme Beträge bezahlen muß, zahlen die Parteien keinen Groschen dafür!
Denn der einvernehmlich beschlossene § 4 des Rundfunkgesetzes von 1966 räumte den im Parlament vertretenen politischen Parteien und den Interessenverbänden diesen Anspruch ein. Dieser bemaß sich nach deren »Bedeutung im öffentlichen Leben« und durfte ein Prozent des jeweiligen Programmangebotes nicht überschreiten. Diese Regelung wurde schließlich auch ins Rundfunkgesetz 1974 übernommen.
Welch prächtiges Geschenk sich die Parteien da selbst bereitet haben, läßt sich auch in konkreten Zahlen ausdrükken: Der Gesamtnutzen der Parteien aus diesen Bestimmungen liegt in Wahljahren bei rund 60 Millionen Schilling.

Die Top-ten / Warum sich die Parteien den ORF so eng an die Zentralsekretariatsbrust gelegt haben, läßt sich an den Nachrichtensendungen ablesen. Ähnlich wie bei den Schlagerprogrammen gibt es hier eine, wenn auch nicht als solche deklarierte, ständige Top-ten-Liste der wichtigsten Politiker.
Im Rahmen der von den Politologen Gerlich/Müller »Sprechblasen-Politik« genannten Berichterstattung tauchen dann mit hübscher Regelmäßigkeit immer die gleichen Politiker-Köpfe auf. Statt Information wird Statement-Journalismus geboten, wobei der Schwerpunkt eindeutig bei der Unterhaltung liegt.
Als Meister dieses Faches hatte sich Kanzler Kreisky bei seinen improvisierten Pressegesprächen, die jeweils Dienstag nach dem Ministerrat stattfanden, etabliert. Da verstreute er, je nach Laune, Bonmots und weitreichende politische Erklärungen, kanzelte Journalisten ab (»Lernen

Sie Geschichte!«) oder präjudizierte seine Regierungskollegen dadurch, daß er sich in aller Öffentlichkeit für bestimmte Fragen festlegte.
Die zuletzt ermittelte Top-ten-Liste veröffentlichten Gerlich/Müller in ihrem Buch »Österreichs Parteien seit 1945«:

11) Die politische Medienelite in der Zeit im Bild 1981: Direkte Stellungnahmen (Interviews, Statements)

Politiker	% der Beiträge	% der Zeit
Kreisky	22	27
Mock	12	13,5
Fischer	5	6,5
Salcher	5	5
Steinbauer	3	4
Bauer	2	4
Steger	2	7
Hobl	2	5
Graf	2	4
Kohlmaier	2	5
	57 %	81,0 %

Kann sich der ORF mit seinen Landesstudios nicht dem Zugriff der Parteien entziehen, so bleiben die den Parteien direkt gehörenden Tageszeitungen in Bedeutungslosigkeit versunken. Es ist signifikant für die Österreicher, daß sie vorgekaute »Prawda«-Artikel nicht einmal von der eigenen Partei lesen wollen. Anders wäre der weitere Rückschlag, den die »Arbeiter-Zeitung« während der langjährigen sozialistischen Alleinregierung hinnehmen mußte, nicht erklärbar. Je mehr Österreicher die Partei wählten, desto weniger griffen nach dem Parteiorgan.
Die großen Tageszeitungen, die eine mehr oder minder unabhängige politische Berichterstattung vertreten, blieben den Regierenden daher immer ein wenig suspekt.
Vor allem die Mobilisierungskraft der größten Tageszeitung des Landes, der »Neuen Kronen Zeitung«, saß und sitzt den

Regierenden schwer in den Knochen. Denn sie hatte es beispielsweise in der Bundeshauptstadt Wien zustande gebracht, quer durch die Parteien hinweg eine Abstimmung gegen die Verbauung des Sternwarteparks durchzusetzen, was schließlich den damaligen Bürgermeister Slavik zum Rücktritt veranlaßte.
Im Gegensatz zur mitunter vorgebrachten Meinung sind die großen Print-Medien des Landes nicht in der Lage, ein quasi künstlich erfundenes Anliegen hochzustilisieren und durchzudrücken. Ihre wahre Stärke aber liegt darin, vorhandene Unzufriedenheit und Volksmeinung zu artikulieren und sie damit zu einem Flächenbrand der öffentlichen Meinung werden zu lassen. Genau davor haben die Mächtigen aber Angst. An Versuchen, diese Medien ans Gängelband zu holen, hat es nicht gefehlt. Die Palette reichte von großen Prozessen bis hin zur Pressförderung. Es war gut für die lebendige Demokratie des Landes, daß keiner dieser Versuche voll gelungen ist. Die Print-Medien bleiben ein Stachel für die Regierenden in Österreich.

10

DAS SPIEL DER MÄCHTIGEN

Wurde in der Geschichte oft nach dem »Divide et impera«-Prinzip vorgegangen, so schätzen das die Regierenden in Österreich nicht allzu besonders. Sie frönen lieber dem Motto: Herrsche und teile nicht! Höchstens dort wird geteilt, wo es aufgrund der parteipolitischen Gegebenheiten unvermeidlich ist. Bei den Posten in der Verstaatlichten, bei der Parteienfinanzierung, bei den Politikerprivilegien. Sonst aber ist die Kooperationsbereitschaft eher begrenzt. Selbst dann, wenn man zur Zusammenarbeit gezwungen ist, wie dies in der österreichischen Politik dank der Koalition immer wieder der Fall war.

Die Cliquen und Clans / Die Regierung zu stellen, ist bloß eine der Formen, um Österreich zu regieren. Daneben existiert, wie ausführlich dargestellt, eine nicht zu knackende Nebenregierung in Form der Sozialpartnerschaft. Aber auch damit ist die Aufzählung der echten »Regenten« noch nicht erschöpft.
Gehörten früher die CV-Studentenverbindungen ebenso dazu wie der Bund Sozialistischer Akademiker, so haben sich in den letzten Jahren neue Eliten der Macht herauskristallisiert, die sich geschickt vor der Öffentlichkeit zu verbergen gewußt haben.

Freimaurer ante portas / Insbesondere eine Gruppierung war beim Spinnen der Einflußnetze erfolgreich: die Freimaurer. In ganz Österreich gibt es offiziell rund 1800 davon, die meisten sind Prominente aus den verschiedensten Lagern.
In einer der 34 Logen findet sich der Unterrichtsminister Zilk ebenso wie der Präsident der Rechtsanwaltskammer, Schuppich. Der Schauspieler Fritz Muliar ebenso wie der ÖVP-Stadtrat Jörg Mauthe.
Vor allem im sozialistischen Lager ist die Zugehörigkeit zu den Freimaurern zu einer Art Karriere-Etikett geworden. Die nach außen hin verschwiegene Mitgliedschaft wird dem Ex-Minister Frühbauer ebenso zugeschrieben wie den Landeshauptleuten Kery und Wagner.
Sogar Wiens Polizeipräsident findet sich in den Mitgliederlisten. Das Zusammenwirken der verschiedensten Kräfte funktioniert im stillen höchst erfolgreich. Manche Besetzungen von Spitzenpositionen wären nicht verständlich, wären nicht die stillen Kräfte im Hintergrund an der Arbeit gewesen.
Mit von der Freimaurer-Partie ist auch der Langzeit-Regisseur Ernst Häussermann. Sein lukratives Lieblingsstück ist der »Jedermann« ...

Die Androsch-Partei / Überlappt wird dieses Machtnetz von anderen dezenten Einflußgrößen. Die Cliquen und Clans in der österreichischen Politik feiern fröhlich Urständ. Eine der Cliquen, die es gar nicht gibt und die noch effizient wirkt, ist die Androsch-Partei. Sowohl zu seiner politischen Blütezeit als Finanzminister und Vizekanzler wie auch als Generaldirektor der größten österreichischen Bank hat es Androsch stets verstanden, sich unbemerkt eine Reihe von Freunden zu Verbündeten zu machen, die sich nicht selten eines Tages auf irgendeinem Generaldirektor-

sessel wiederfanden. Androsch verteidigte seinen ausgeprägten Instinkt in Personalfragen: »Waren es vielleicht schlechte Leute, die ich dort hingesetzt habe?«
Als es darum ging, seinen Anspruch als Kreisky-Nachfolger zu pulverisieren, setzte eine groteske Situation in der innerparteilichen Szene ein. Die sozialistische Welt – und auch die bürgerliche – teilte sich in »Androsch-Freunde« und »Androsch-Gegner«. Da saßen sie dann Tisch an Tisch in den noblen Innenstadt-Restaurants, und bereits bei der Vorspeise setzte das heitere Machtraten ein. Jeder kannte jeden und überlegte angestrengt, warum sich der wohl ausgerechnet mit dem trifft.
Im schroffen Gegensatz zum Androsch-Clan formierten sich die Blecha-Freunde. Nie zuvor hat es seit den fünfziger Jahren eine so ausgeprägte unausgesprochene Zweiteilung einer Partei gegeben.

Der ORF-Coup / Daß die Kontakte von Androsch selbst in schwierigsten Zeiten manchmal erstaunlich gut funktionieren, wollen politische Beobachter auch an der seinerzeit sensationellen Wiederwahl Gerd Bachers zum ORF-Generalintendanten erkannt haben. Bacher hatte bereits einmal eine Periode als ORF-Boß hinter sich und sich dann im bürgerlichen Lager engagiert. Bei vielen Repräsentanten der SPÖ galt er als »Sozialistenschreck«. Und dann passierte das Unwahrscheinliche: Bacher, der sich um eine Wiederkandidatur bemüht hatte, erhielt tatsächlich in geheimer Abstimmung die Mehrheit, obwohl die Sozialisten das von den Mehrheitsverhältnissen her hätten verhindern können. Der sozialistische Mediensprecher Blecha konnte es sich in der ersten Phase dieses Schocks nicht verkneifen anzukündigen, daß man »diesen Verräter« schon noch ausfindig machen werde. Worauf sich Androsch-Freunde im Abstimmungsgremium genötigt sahen, beim »Augenlicht ihrer

Verwandten« zu schwören, daß sie es nicht gewesen seien.

Die Republik der Stachelschweine / Gruppenegoismen im großen wie im kleinen prägen das politische Szenario Österreichs. Professor Heer hat einmal den treffenden Ausdruck von der »Republik der Stachelschweine« geprägt. Was folgendes ausdrücken soll: Den Österreichern ist alles recht, wie regiert wird. Wenn nur ihr kleines Glück nicht angetastet wird. Ist das aber der Fall, dann stellen sie ihre Stacheln auf, um ihre Interessen recht rücksichtslos durchzudrücken. Wenn schon gespart wird, dann bitte bei den anderen! lautet das Motto.

Und der Slogan von den »wohlerworbenen Rechten« gehört zu dieser Verteidigungsstrategie, die in einer Demokratie hohe Erfolgsquoten aufzuweisen hat.

Dazu gehört beispielsweise die Gruppe der Autofahrer, die – artikuliert durch die Autofahrervereine – sich jedesmal zu bedrohlichen Wählerkolonnen formieren, wenn ihnen neue Belastungen aufgehalst werden sollen. Das Auto gehört nach wie vor zu den heiligen Kühen der Österreicher. Kaum anderswo vermögen die Autofirmen so viele teure Extras an den Mann zu bringen wie hierzulande.

Andere Formationen ergeben sich primär im gewerkschaftlichen Bereich. Die spitzesten Stacheln entwickeln dabei meist die besonders privilegierten und starken Teilgewerkschaften.

Dazu gehören die erwähnten Bundesbahner ebenso wie die Gewerkschaft der Drucker, die traditionellerweise zu den bestbezahlten Arbeitern der Republik gehören. Gefährlich auch die Stacheln der Gewerkschaft, welche die Interessen der Bundestheatermitarbeiter vertritt, und schließlich signalisiert die Beamtengewerkschaft ihre Kampfbereitschaft, sobald nur vorsichtig eine Reform oder gar eine

Personalreduktion im öffentlichen Dienst ins Auge gefaßt wird.
Nicht die wirklichen Minderheiten oder Unterprivilegierten haben das größte Abwehrpotential, sondern die stärksten und oft auch wohlhabendsten Bevölkerungsgruppen.

ZUSAMMENFASSUNG

Österreich ist als Staat gewordenes Phänomen nicht begreifbar wie irgendein anderes Land. Geprägt von militärischen Niederlagen ist das Reststück der einst riesigen Monarchie ein ganz besonderes Land geworden. Der Stoff, aus dem hier die Macht stammt, ist ein anderer als anderswo.

Wer regiert Österreich? Trotz demokratischer Grundstruktur ist die Entscheidungspyramide schlanker als anderswo. Die »Top-ten« in der Politik schlagen den Takt, und zwanzig, dreißig weitere Entscheidungsträger runden den Einfluß ab. Die Vernetzung der Macht hält, trotz der extremen Parteibuchwirtschaft, nicht vor Parteigrenzen inne.

Spitzenpolitiker wie Langzeit-Präsidenten halten das Zepter der Herrschaft unverrückbar in ihrer Hand. Ihre Macht bedarf keiner ausdrücklichen Deklamation: Die gelernten Österreicher mit ihrem Instinkt für »oben und unten« wissen es auch so.

Sie lassen sich gerne regieren. Wenn schon nicht mehr von einem echten Kaiser, dann wenigstens von Ersatzkaisern. Sie haben längst gelernt, mit unmöglichen Situationen möglichst gut fertig zu werden. Hierzulande haben Provisorien Ewigkeitscharakter und machtvolle Entscheidungen nur kurze Lebensdauer.

Österreich ist das zu einem Staat geronnene Kuriosum schlechthin. Gerade in seiner eigentlichen Unmöglichkeit aber dokumentiert sich seine Überlebensfähigkeit und sein Erfolgsrezept.
Wie fast alle Österreicher ärgere ich mich fast täglich über die Vorkommnisse in diesem Land, aber ich könnte mir keinen Staat vorstellen, wo ich das lieber täte als hier.

ANHANG

12) Wahlbeteiligung im internationalen Vergleich 1960–1978

1.	Holland	95
2.	Österreich	94
3.	Italien	93
4.	Belgien	92
5.	Bundesrepublik Deutschland	89
6.	Dänemark	88
7.	Schweden	88
8.	Finnland	83
9.	Norwegen	82
10.	Frankreich	77
11.	Irland	75
12.	Großbritannien	75
13.	Schweiz	60
14.	USA	59

Bei einem Vergleich der Wahlbeteiligungsraten in vierzehn »westlichen« Demokratien stellt sich heraus, daß Österreich bei den Wahlen zum Nationalrat sich in einem Spitzenfeld von fünf Nationen mit einer Wahlbeteiligung von durchschnittlich mehr als 90 Prozent befindet. Nur Holland, mit einem Durchschnittswert von 95 Prozent für die Nachkriegsära, übertrifft die 94 Prozent, welche Österreich in der Zweiten Republik aufzuweisen hat. Österreich, das den zweiten Rang in dieser Reihung einnimmt, wird unmittelbar von Italien und Belgien gefolgt. Auf den Rängen 5 bis 9 folgen die Bundesrepublik Deutschland mit durchschnittlich 89 Prozent Wahlbeteiligung sowie ein Block von vier skandinavischen Ländern, Dänemark, Schweden, Finnland und Norwegen, deren Wertebereich sich zwischen 80 und 90 Prozent bewegt. Eine dritte erkennbare Gruppe von Parteiensystemen weist Durchschnittswerte von zirka 75 Prozent auf, dabei handelt es sich um Frankreich, Irland und Großbritannien. Eine signifikant niedrige Wahlbeteiligung ist in der Schweiz und in den USA festzustellen, wobei Werte von jeweils knapp 60 Prozent auftreten.
Das österreichische Parteiensystem weist demnach überdurchschnittlich hohe Werte der politischen Partizipation in Form von aktiver Teilnahme an Nationalratswahlen auf. Es stellt sich jedoch die Frage, zu welchem Teil dieses Faktum auf eine partizipatorische, demokratiebewußte politische Kultur und zu welchem Anteile auf eine obrigkeitsstaatliche Tradition der »Wahlpflicht« als »Bürgerpflicht« beruht.
Der Durchschnittswert der Wahlbeteiligung bei Wahlen zum Nationalrat beträgt zwar 94 Prozent, jedoch ist im Zeitverlauf eine leicht sinkende Tendenz festzustellen. Die höchste Wahlbeteiligung gab es in den fünfziger Jahren mit durchschnittlich 96 Prozent. Dieses Niveau senkte sich in den sechziger Jahren auf 94 Prozent, während schließlich in den siebziger Jahren durchschnittlich 92 Prozent der Wahlberechtigten zur Wahlurne schritten.

Quelle: Christian Haerpfer, *Österreichs Parteien seit 1945*, Wien 1983.

13) Die Staatsverschuldung

Die Staatsverschuldung sichert Arbeitsplätze? Offenbar nicht mehr: Die neuen Schulden werden bald nicht mehr ausreichen, um die Zinsen für die alten Schulden zu bezahlen. Ein Ende der Teufelsspirale ist nicht abzusehen. Nationalbank-Generaldirektor Heinz Kienzl: »Solange die Leistungsbilanz negativ ist, solange wird die Verschuldung weiter steigen.«
Dabei ist sie schon in den vergangenen Jahren dramatisch gestiegen. Die Finanzschulden betrugen:

1960	22,3 Mrd Schilling
1970	47,1 Mrd Schilling
1974	61,4 Mrd Schilling
1975	100,4 Mrd Schilling
1979	230,9 Mrd Schilling
1981	295,3 Mrd Schilling
1982	315,0 Mrd Schilling (bis zur Jahresmitte).

Die Neuverschuldung bewirkte anfangs massive Impulse für die Wirtschaft, da recht wenig für alte Schulden an Zinsen und Tilgungen anfiel.
Die folgenden Zahlen signalisieren die neue Situation:

Jahr	Aufwand für Zinsen in Mrd	Neuverschuldung (netto) in Mrd
1973	3,2	6,4
1975	4,6	38,7
1980	17,0	30,3
1981	20,4	29,8

Das bedeutet: Über zwei Drittel der neuen Schulden mußten für die Bezahlung der Zinsen von alten Schulden verwendet werden. Insgesamt reicht die jährliche Neuverschuldung längst nicht mehr, um die anfallenden Zinsen und Tilgungen abzudecken. Im Klartext: Ein Drittel der kompletten Steuereinnahmen muß der Finanzminister sofort als Zinsen- und Tilgungszahlung weitergeben. Jeder dritte von uns gezahlte Steuerschilling ist nur mehr ein für die Wirtschaft wirkungsloser Durchlaufposten geworden.
Daraus ergibt sich der Teufelskreis: Es werden immer mehr alte Schulden weitergewälzt, für die immer höhere jährliche Zinsenzahlungen notwendig werden. Bis am Schluß das Defizit ausschließlich in- und ausländischen Geldgebern zugute kommt, die dem Staat die Milliarden geborgt haben. Ein höheres Defizit sichert Arbeitsplätze? Diese Zeiten sind längst vorbei...
Nur einige Zahlen, um diese Entwicklung zu illustrieren: Österreich mußte 1977 rund 18,4 Mrd. an inländische und 4,3 Mrd. S an ausländische Geldgeber zurückzahlen. Im Jahr 1982 wird das gewaltig anders ausschauen: An inländische Kapitalgeber muß der Staat bereits 42 Milliarden Schilling abliefern und an ausländische 13,8 Milliarden Schilling. Allein der Aufwand für die Zinszahlungen hat sich in der Zeitspanne fast verdreifacht.

Quelle: *Neue Kronen-Zeitung*, 14. August 1982

14) Streikbewegung 1951–1981

Vergleich der Streikzahlen

Berichtsjahr	Stunden	Arbeiter und Angestellte	Durchschnittliche Dauer pro Kopf Stunden	Minuten
1951	677 452	31 555	21	28
1952	602 758	31 942	18	52
1953	304 817	12 695	24	–
1954	410 508	21 140	19	25
1955	464 167	26 011	17	51
1956	1 227 292	43 249	28	23
1957	364 841	19 555	18	39
1958	349 811	28 745	12	10
1959	404 290	47 007	8	36
1960	550 582	30 654	17	58
1961	911 025	38 338	23	46
1962	5 181 762	207 459	24	59
1963	272 134	16 501	16	29
1964	283 588	40 843	6	56
1965	3 387 787	146 009	23	12
1966	570 846	120 922	4	43
1967	131 285	7 469	17	30
1968	53 365*	3 129	17	3
1969	148 139	17 449	8	29
1970	212 928	7 547	28	13
1971	29 614	2 431	12	11
1972	120 832	7 096	17	2
1973	794 119	78 251	10	9
1974	57 948	7 295	7	56
1975	44 098	3 783	11	39
1976	4 711	2 352	2	–
1977	86	43	2	–
1978	81 778	699	117	–
1979	6 111	786	7	46
1980	135 684	24 181	5	37
1981	32 188	17 115	1	52

* Davon 4590 Stunden Aussperrung.

Streikbeteiligung der Gewerkschaften 1981

Gewerkschaft (der)	Streikstunden	Arbeiter und Angestellte
Privatangestellten	19 860	16 260
Öffentlicher Dienst	1 017	339
Druck und Papier	10 341	383
Handel, Transport, Verkehr	400	100
Lebens- und Genußmittelarbeiter	120	15
Metall – Bergbau – Energie	450	18
	32 188	17 115

Streikbeteiligung der Bundesländer 1981

Bundesland	Streikstunden	Arbeiter und Angestellte
Kärnten	1 977	1 299
Niederösterreich	2 350	1 918
Oberösterreich	2 800	2 800
Salzburg	1 100	1 100
Steiermark	1 300	1.300
Vorarlberg	120	15
Wien	22 541	8 683
	32 188	17 115

1981 betrug die durchschnittliche Streikdauer eine Stunde und 52 Minuten (1980: fünf Stunden und 37 Minuten). Aus internationaler Sicht hat Österreich weiterhin sehr niedrige Streikzahlen aufzuweisen. Nur 0,6 % aller österreichischen Arbeitnehmer beteiligten sich 1981 an einem Streik (1980: 0,87 %). Auf jeden österreichischen Arbeitnehmer entfielen 41,4 Streiksekunden (1980: zwei Minuten und 54 Sekunden).
1981 gab es nur einen Streik, der mehr als einen Betrieb betraf: Die Handelsangestellten führten im November in den meisten Bundesländern wegen ungenügender Angebote der Unternehmerseite bei den Gehaltsverhandlungen einstündige Warnstreiks in Form von Betriebsversammlungen durch, an denen 15 060 Angestellte teilnahmen. Von Bedeutung waren weiters der Streik der Druckereiarbeiter im Wiener Pressehaus Ende Juli wegen betriebsinterner Probleme, an dem 383 Arbeiter teilnahmen, wobei 10 341 Arbeitsstunden verlorengingen, und ein vierstündiger Warnstreik von 1200 Angestellten und Arbeitern in sieben Warenhäusern des Gerngroß-Konzerns in Wien im Juni wegen geplanter Personalreduzierungen sowie aus Protest gegen die Wirtschaftspolitik des Unternehmens.
Die höchsten Streikzahlen weist die Gewerkschaft der Privatangestellten mit 16 260 Streikenden und 19 860 Streikstunden auf. Es folgen die Gewerkschaft Druck und Papier (383/10 341), Öffentlicher Dienst (339/1017), Handel, Transport, Verkehr (100/400), Metall – Bergbau – Energie (18/450) und Lebens- und Genußmittelarbeiter (15/120).
Bis auf das Burgenland und Tirol waren alle Bundesländer von Streiks betroffen, am stärksten Wien mit 8683 Streikenden und 22 541 Streikstunden. Es folgten Oberösterreich (2800/2800), Niederösterreich (1918/2350), die Steiermark (1300/1300), Kärnten (1299/1977), Salzburg (1100/1100) und Vorarlberg (15/120).
Wegen Lohnforderungen wurden (bezogen auf die Streikdauer) 48,6 % und wegen anderer Gründe 51,4 % der Streiks geführt. Bei 98,6 % der Streiks wurde das Einvernehmen mit der zuständigen Gewerkschaft hergestellt. 83,8 % der Streiks endeten mit einem Erfolg oder einem Teilerfolg. Ein Ergebnis des Warnstreiks der Arbeiter und Angestellten des Gerngroß-Konzerns (16,2 % der Streikstunden) ist noch offen.

Quelle: Walter Wisshaupt, *Arbeit und Wirtschaft,* Nr. 4, 1982

15) Streiks in Minuten im internationalen Vergleich

OECD-Länder

	1968	69	70	71	72	73	74	75	76	77	78	79	80	81
Österreich	1,5	4	5	0,5	3	33,5	1,5	1	–	–	2	–	3	0,5
Bundesrepublik Deutschland	0,5	5,5	2	98,5	1,5	12,5	23	1,5	12,5	0,5	97,5	11	3	1
Frankreich	Gen.Strk.	68	53	130,5	110	112	95	110	141	102	60,5	100,5	46	43
England	97,5	142,5	230	294	519	152	311	127	70	215	199	620	251	97
Italien	358,5	1445,5	782,5	555,5	731,5	861,5	695,5	949	876,5	562	343	910	541	
Schweden	0,5	0,0	0,5	1,5	0,5	–	0,5	0,5	4	1	1	0,5	1	–
Kanada	376	553,3	459	195,5	509	357	538	625	652	183	397	404	454,5	443
USA	346,5	295	451,5	323,5	176,5	174,5	294	195	229	208,5	205	186,5	176	130
Japan	43,5	54,5	57	85	71,5	61,5	128,5	105,5	42	19,5	17	11,5	–	7

Quelle: *Arbeit und Wirtschaft*, Nr. 4, 1982

16) Zustimmung zur Sozialpartnerschaft:

Einfluß der Sozialpartnerschaft auf die österr. Politik sollte in Zukunft

	zunehmen	gleichbleiben	abnehmen/überhaupt aufgelöst werden	keine Angabe
1974	42	47	8	4
1976	33	48	6	13
1978	29	50	5	15 (... 100 %)

Quellen: Dr. Fessel + GfK, Politische Umfragen (1974, 1976, 1978)

17) Verflechtung von Parteien und Verbänden

	SPÖ	ÖVP	FPÖ	KPÖ	andere	
Handelskammern	10 %	85 %	–	–	5 %	100 %
Landwirtschaftskammern	10 %	84 %	2 %	–	4 %	100 %
Arbeiterkammern	69 %	24 %	5 %	1 %	1 %	100 %
ÖGB	75 %	17 %	–	7 %	1 %	100 %

Anmerkung: Grundlage sind die Ergebnisse der Kammerwahlen bzw. der Delegiertenstand am Bundeskongreß des ÖGB, Bezugsjahr ist 1970.

18) ÖVP-Mitglieder nach Teilorganisationen

	ÖAAB[a I]					ÖBB[e II]	ÖWB[e III]	ÖVP [IV]	ÖFB [V]	JVP	ÖSB	DM
Jahr	Davon %				Gesamt			Gesamt				
	öffentlicher Dienst	Privatangestellte	Arbeiter	Sonstige		»Österreichischer Bauernbund«	»Österreichischer Wirtschaftsbund«	Nur die drei »Hauptbünde«	»Österreichische Frauenbewegung«	»Junge ÖVP«	»Österreichischer Seniorenbund«	Direktmitglieder lt. Statut § 6 Abs. 3
1947	25,3	12,8	23,5	38,4	124 667	435 000	77 000	636 667	–	–	–	–
1955	37,3	14,5	25,2	23,0	166 781	–	–	–	–	–	–	–
1960	42,0	17,2	27,8	13,0	201 658	410 365	140 000	752 023	–	–	–	–
1965	42,1	17,3	30,8	9,8	240 375	414 860 (444 282)	140 926 (146 777)	796 161	–	–	–	–
1968	41,9	17,9	30,4	9,8	266 455	406 933	146 009	819 397	64 000[f]	56 000[f]	–	–
1973[b]	–	–	–	–	252 922	402 434	150 415	805 771	68 251	63 211	–	191
1974	43,4	21,1	28,6	6,9	276 903	–	–	–	–	–	–	–
1976[c]	–	–	–	–	252 583	392 326	131 720	776 629	74 614	76 531	201 400[g]	122
1978	43,0	21,7	28,4	6,9	284 609	–	–	–	–	–	–	–
1980[d]	–	–	–	–	271 995	388 863	152 906	813 765	76 565	104 475	172 783	301

Quellen:

a ÖAAB: Bericht zum 13. Bundestag, Linz 1974
ÖAAB: Bericht zum 14. Bundestag, Innsbruck 1978

b ÖVP: Bericht zur Parteiarbeit, 16. Bundesparteitag 1974

c ÖVP: Bericht zum 19. Parteitag, 1977

d ÖVP: Bericht zur Parteiarbeit 1977–1980, 1980

e Stirnemann 1969: 3

f Pelinka/Welan 1971: 286

g Pelinka 1978: 424

19) Entwicklung des SPÖ-Mitgliederstocks

Jahr	Gesamt	Regionale Verteilung (%)									Sozialprofil (%)								
		V	T	S	K	St	OÖ	NÖ	B	W	Frauenanteil %	Arbeiter	Angestellte/Beamte	Selbständige/Freie Berufe	Pensionisten/Rentner	Haushaltsangehörige	Studenten	Sonstige/unbekannt	
1945	357 818	0,67	1,60	2,89	6,39	13,80	6,54	21,05	3,50	43,56	35,50	–	–	–	–	–	–	–	
1950	607 283	0,66	1,68	3,21	5,36	13,41	9,43	19,89	3,14	43,22	34,55	–	–	–	–	–	–	–	
1955	691 150	0,54	1,67	3,02	5,27	15,28	10,33	18,14	3,21	42,54	35,22	42,14	22,34	5,32	11,44	17,25	–	1,51	100*
1960	727 265	0,80	1,73	3,33	5,55	14,90	11,14	18,20	3,37	40,98	35,15	41,19	24,10	4,39	14,41	14,57	–	1,32	100**
1965	707 972	0,74	2,02	3,36	5,45	15,18	11,57	18,54	3,53	39,61	34,67	–	–	–	–	–	–	–	
1970	719 389	0,69	2,13	3,59	6,02	14,80	11,91	18,73	3,65	38,48	34,31	38,88	27,12	3,97	16,41	12,23	0,58	1,41	100***
1975	693 156	0,78	2,19	3,74	6,32	14,51	13,08	19,13	3,92	36,33	33,87	–	–	–	–	–	–	–	
1978	706 039	0,75	2,17	3,72	6,96	14,40	13,98	19,40	4,09	34,53	33,91	29,92	31,43	2,60	18,31	9,65	0,93	7,16[1]	100****
1980	719 881	0,75	2,15	3,70	7,12	14,51	14,35	19,44	4,10	33,88	33,92	–	–	–	–	–	–	–	

* Stichtag 31. 12. 1954
** Stichtag 1. 1. 1962
*** Stichtag 1. 1. 1972
**** Stichtag 31. 12. 1977

Quellen: SPÖ: Bericht an den Parteitag 1955, S. 116
SPÖ: Parteitagsbericht 1972 und Protokoll, S. 39
SPÖ: Jahrbücher 1978, 1979, 1981, jeweils statistischer Anhang, eigene Prozentberechnungen

20) Entwicklung des FPÖ-Mitgliederstocks

Jahr (31. 12.)	Mitglieder gesamt
1959	22 000
1970	28 000
1975	33 000
1976	34 000
1977	35 000
1978	36 761
1979	37 288
1980	37 380
1981	37 554

Quelle: Für 1959, 1970: Oberleitner 1972, Rest: Auskunft der Bundesgeschäftsstelle Wien

21) Die wirtschaftliche Entwicklung Österreichs (1919–1981) (Jahresdurchschnitt, Werte in Prozent)

	I. Republik	II. Republik			
	1919–37	1947–54	1955–64	1965–74	1975–81
Wirtschaftswachstum	−0,4	11,2	5,7	5,1	2,5
Arbeitslosigkeit	14,4	5,5	4,1	2,3	2,0

Quellen: Kausel et al. 1965, Stiefel 1979, Bachmayer 1976, OECD, Österreichisches Institut für Wirtschaftsforschung

22) Behördengenehmigungen für das Bauwesen

z. B. Industriebau (für jedes Bundesland eine eigene Bauordnung, z. T. voneinander abweichend, jedoch im wesentlichen):
Ansuchen um Bekanntmachung der Bebauungsbestimmungen
Ansuchen um Änderung des Flächenwidmungs- und Bebauungsplanes
Ansuchen und Schaffung eines Bauplatzes:
a) Nachweis der Besitzverhältnisse
b) Abteilungsplan
c) Grundbücherliche Richtigstellung
d) Grundabtretung und Übernahme
Ansuchen um Abbruchbewilligung
Ansuchen um Genehmigung der Gehsteigüberfahrt
Ansuchen um Baumentfernung
Ansuchen Änderung des Bebauungsplanes
Ansuchen um Baugenehmigung
Ansuchen um Nutzung von öffentlichen Flächen (z. B. Überbrückung einer Straße)
Ansuchen um Stellungnahme der Behörde zur Verkehrssituation
Ansuchen um Stellungnahme der B. M.

a) Luftfahrt
b) Schiffahrt
c) Eisenbahn
d) Umweltbelastung

(Verkehrszählung – voraussichtliches, zusätzliches Verkehrsaufkommen – Lage der Ausfahrt usw.)

Ansuchen um Stellungnahme der Feuerwehr (Zufahrt für Löschfahrzeuge – Brandschutzeinrichtungen usw.)

Ansuchen um Bewilligung der Stromversorgung (auch Baustrom)

Ansuchen um Bewilligung der Wasserversorgung

Ansuchen um Bewilligung der Kanalanlagen und Kanalanschluß

Ansuchen um wasserrechtliche Genehmigung

Ansuchen um Aussteckung der Fluchtlinien und Höhenlagen

Ansuchen um Gehsteigüberfahrt während der Bauführung

Anzeige des Baubeginnes mit Bekanntgabe des Bauführers (Baufirma)

Ansuchen um Kanalbeschau

Ansuchen um Rohbaubeschau

Ansuchen um Eisenbeschau (für jeden konstruktiven Bauteil gesondert)

Ansuchen um gewerberechtliche Bewilligung (z. T. Widersprüche zur Bauordnung – Baumhöhen – Stiegenbreiten usw.)

Ansuchen um Bewilligung der Betriebsanlagen

a) Aufzüge
b) Fördermittel und Anlagen
c) Kräne und Hebeanlagen
d) Heizungsanlagen
e) Tankanlagen
f) Haustankstellen (auch gesonderte Baubewilligung)
g) Lüftungsanlagen
h) Elektroanlagen
i) Notstromanlagen
j) Brandschutzanlagen

Prüfung auf Einhaltung aller gewerberechtlichen Vorschriften und der Dienstnehmerschutzverordnung von allen am Bau beteiligten Professionisten

Ansuchen um Genehmigung der endgültigen Gehsteigüberfahrt

Ansuchen um Übernahme des Gehsteiges in das öffentliche Gut

Ansuchen um Verlängerung von abgelaufenen Bewilligungen

Ansuchen um Benützungsbewilligung

Ständige behördliche periodische Überprüfung aller Betriebsanlagen